내가 바라는 나로 살고 싶다

KB054738

WHO ARE YOU, REALLY? by Brian Little

Copyright © 2017 by Brian Little

All rights reserved.

This Korean edition was published by Maekyung Publishing Inc. in 2020 by arrangement
with the original publisher, Ted Books/Simon & Schuster, Inc. through KCC(Korea Copyright
Center Inc.),Seoul.

이 책은 ㈜한국저작권센터(KCC)를 통한 저작권자와의 독점계약으로 매경출판㈜에서
출간되었습니다. 저작권법에 의해 한국 내에서 보호를 받는 저작물이므로 무단전재와 복제를 금합니다.

내가 바라는 나로 살고 싶다

브라이언 리틀 지음 ― 강이수 옮김

생각정거장

우리는 똑같은 강물에

발을 두 번 담글 수 없다.

흐르고 변하는 것이 강의

속성이자 존재 양식이기 때문이다.

우리 또한 그렇다.

– 헤라클레이토스, 《우주의 파편들The Cosmic Fragments》

TED 강연에서의 브라이언 리틀

유전, 환경 그리고 퍼스널 프로젝트
당신은 무엇의 산물인가?

　"당신은 어떤 사람인가?"

　이런 질문이 성가시다는 건 나도 잘 알고 있다. 어쩌면 불편한 질문일 수도 있다. 바에 앉아 맥주를 한잔 들이켜고 있을 때 누군가 당신에게 이렇게 묻는다면 당신은 술 맛 버린다며 질색할지도 모른다. 하지만 질문하는 사람이 호기심 많은 심리학자라면 당신은 어떻게 대답할까. "난 외향적인 사람입니다"라고 당당하게 답할 수도 있다. 혹은 "아마 저는 지구상에서 가장 자기애가 부족한 사람일 거에요."라고 답하는 사람도 있을 것이다. '남을 잘 돌보는 편'이라거나 '걱정이 많은 편'이라고 답할 수도 있다. 우리는 기본적으로 스스로를 규정하는 성격 특성을 파악하고 있다.

다음 질문.

"당신이 그런 사람이 된 이유는 무엇인가?" 이번에도 역시 저마다 마음속에 떠오르는 몇 가지 대답이 있을 것이다. '캘리포니아 해안가 출신이기 때문'이라고 할 수도 있고, '맏이라서' 또는 '아버지가 술꾼이라서'라고 답할 수도 있다. 아니면 이런 대답도 있다. "제가 10대일 때 IMF가 닥쳤고 우리 집이 파산했거든요"

저마다 자신의 성격이 왜 지금처럼 형성되었는지 나름 그럴듯한 이유를 내세운다. 어떤 사람의 삶과 행동방식은 자라온 가정환경이나 지역 특성, 태어날 무렵의 정치적 상황 등 외부 요인의 영향을 받는 것이 틀림없다.

당신은 자기 성격 정도는 제대로 파악하고 있다고 자신하는가? 혹은 사람의 성격은 좀처럼 변치 않는다고 생각하는가? 하지만 부디 생각의 문을 활짝 열고 계시길. 지금부터 성격이란 어떤 것인지, 당신이 어떤 사람인지 본격적으로 파고 들어볼 테니.

우리의 성격은 어떻게 만들어질까? 유전과 경험은 사람의 성격 형성에 강한 영향력을 행사한다. 여기까지는 당신도 알고 있는 상식일 것이다. 그러나 통설과 달리 우리의 성격은 이 두 가지 힘으로만 형성되지 않는다. 제3의 힘이 있다. 이 힘은 앞의 두 가지 힘과는 반대로 작용한다. 그러니까 제1, 제2의 힘(본성과 경험)이 앞에서 이끌고 우리는 뒤따라간다면, 제3의 힘은 우리가 이끌고 이것이 우리를 뒤따라온다. 전자와 우리는 수동적인 관계이며, 후자와는 능동적 관계에 있다.

간단히 말해 사람들은 '성격에 따라' 행동하는 게 아니라, '행동에 따라' 성격이 달라진다. 바로 이것이 내가 50년 가까운 세월을 바쳐 연구하고 터득한 내용이다. 이것이 이 책에서 소개하려는 이론의 핵심이며, 성격에 관한 완전히 새로운 관점이다.

사람들의 삶과 정체성은 타고난 유전적 특성과 살아온 환경의 산물 그 이상이다. 누군가의 삶과 정체성은 그 사람의 열망과 헌신, 꿈과 일상적인 행동에서 비롯되기 때문이다. 이렇게 사람의 본질을 드러내는 활동을 두 단어로, '퍼스널 프로젝트personal projects'라고 한다. 퍼스널 프로젝트는 매주 목요일에 하기로 정해놓은 사소한 루틴일 수도 있고 일생일대의 중요한 목표일 수도 있다. 사적인 일부터 공적인 일, 세속적 욕구부터 실존적 열망에 이르기까지 크고 작은 삶의 목표를 달성하려는 노력의 모든 것을 말한다. 가령 쓰레기 버리기도 정치적 적수 제거하기도 모두 퍼스널 프로젝트다. 그리고 이 프로젝트들의 목록은 좋든 싫든 어느 정도 유전적 특성과 개인이 처한 사회적 맥락에 따라 결정된다. 하지만 어떤 면에서 퍼스널 프로젝트는 이 모두를 초월한다. 왜냐하면 이것은 유전자나 사회에 의해 결정되지 않고 내면에서 자발적으로 우러나는 것이기 때문이다.

이렇게 되물을 수도 있다. '개인의 행동은 개인의 성격과 자의식에 얼마나 영향을 미칠까?' 아마 당신의 상상 이상일 것이다. 퍼스널 프로젝트는 개인의 정체성뿐만 아니라 삶의 질까지 좌우한다. 다시 말해, 퍼스널 프로젝트가 무엇인지에 따라 그의 삶이 풍요로울지, 초라할지, 그것도 아니면 다들 그렇듯 그럭저럭 살아가게 될지가 결정된다. 퍼스널 프로젝트가 그 사람의 앞날을 결정하는 것이다. 그러니 퍼스널 프로젝트가 무엇이며, 우리 삶에 얼마나 지대한 영향을 미치는지 알아보자. 그러면 당신은 당신의 인생을 원하는 방향으로 이끄는 법을 알 수 있을 것이다.

지금부터 당신이 어떻게 살아왔는지, 어떻게 살고 있는지 당신의 성격과 관련하여 자세히 생각해보자. 물론 과거와 현재뿐만 아니라 앞으로 당신 삶이 어떻게 흘러가게 될지 미래 또한 살펴볼 것이다. 이번에도 퍼스널 프로젝트의 역할이 핵심적이다. 일단 퍼스널 프로젝트의 영향력을 분명히 인식하고 나면, 앞으로 한계를 넘어 자유롭게 자기 항로를 개척할 수 있다는 것도 이해하게 될 것이다. 내가 저자로서 갖는 퍼스널 프로젝트는 독자들이 각자의 인생을 이해하고 스스로 주도해나가도록 돕는 일이다. 당신이 미래를 계획하는 데 어떤 방해가 생기기 전에 내가 도움이 되면 좋겠다. 당신의 아이들이 말썽을 피우거나 고양이가 헤어볼을 토하거나 친구들이 급히 고민상담을 해오기 전에 말이다.

이렇게 당신과 터놓고 소통하고자 하니, 내가 사람의 성격을 연구하게 된 계기부터 이야기해야겠다. 때는 1965년 9월, 유난히 무더웠던 늦여름 오후였다. 나는 조심스럽게 시어도어 R. 사빈 교수의 연구실 문을 두드렸다. 사빈 교수는 캘리포니아대학교의 저명한 심리학자였다. 당시에 나는 사빈 교수의 연구팀에 합류하기를 간절히 바라는 2년 차 대학원생이었다. 교수실 문이 휙 열리면서 커다란 목소리가 들려왔다. "누―구세요?" 나는 우렁찬 그의 목소리와 '누―구'를 길게 빼는 말투로부터 그가 단순히 내 이름을 물어오는 게 아님을 짐작했다. 그는 내게 정체를 밝히라고 요구하고 있었다. 그는 내가 어떤 역할놀이를 하고 있는 건 아닌지, 즉 그 순간에 내가 어떤 자아를 연기하고 있는지 궁금했으리라. 그래서 나는 자조적인 말투를 과장해서 답했다. "저는 진리를 추구하는 사람입니다만." 사빈 교수는 눈알을 굴리더니 낄낄댔다. "재밌구만, 또?"

사빈 교수의 질문에 좀더 복잡하고 흥미로운 대답을 대자면 이러했다. 예컨대 내 어릴 적 성격 특성을 묘사할 수도 있다. 나는 언제나 내성적이고 호기심 많고 붙임성 있는 성격이었다. 혹은 타인과 세상과의 관계에서 내가 맡은 역할을 설명할 수도 있었다. 나는 심리학과 학생이었고 피아노 연주 애호가였으며 암살 사건의 충격에서 아직 빠져나오지 못한 케네디 대통령 지지자였다. 하지만 그런 말은 교수실 문간에 서서 불쑥 내뱉기에 적절치 않았다. 설령 그렇게 대답했더라도, 내가 누군지 충분히 표현하는 정확한 묘사라고 할 수는 없었다. 왜냐하면 바로 그 무렵 내 인생은 격동기를 맞이하고 있었기 때문이다(곧 이야기하겠지만, 당시 충격적인 정치적 사건이 벌어졌다).

하지만 그보다 먼저 알아둬야 할 내용이 있다. 당시 심리학계는 아직도 성격을 형성하는 데 있어 생물학적 영향력이 지배적인지, 아니면 사회적 영향력이 지배적인지, 둘 중에 어느 쪽이 더 강력하고 결정적인지 논쟁을 벌이고 있었다. 그때는 이것을 '유전 vs 환경 논쟁Nature-Nurture Debate'이라고 불렀다.

"제 본질은 곧 제 두뇌입니다, 사빈 교수님." 생물학적 결정론, 즉 유전론을 신봉하는 학파였던 나는 이렇게 대답할 수도 있었다. 내가 버클리대학교에 가기로 마음먹었던 것도 인간 행동의 생물학적 기초를 전공하고자 했기 때문이다. 나는 대학원에 들어가기 전에 신경심리학 연구실 조교로 일했고, 대학원에 지원할 때까지만 해도 인간의 성격을 결정하는 것은 주로 유전과 신경심리학, 즉 (내가 만든 용어로는) 생물발생적Biogenic 요인이라고 확신했다. 나는 뇌 과학이야말로 인간이 진짜 어떤 존재인지 이해하는 최선의 수단이라고 믿었다.

아니면 환경론을 주장하는 학파를 따라 이렇게 말할 수도 있었다. 나는 캐나다 서부 해안에서 나고 자란 왜소한 아이였는데, 아버지는 기분파 아일랜드인이었고 어머니는 현모양처 영국인이었다. 한마디로 변덕스럽게 화목한 양육환경이었다. 사빈 교수는 사회발생적Sociogenic 요인이 인간의 행동을 형성한다고 주장하는 쪽이었다. 그는 개인을 사회·문화적 산물로 여겼고, 개인이 살아가는 방식이나 역할, 그리고 삶의 여정도 사회와 문화에 의해 결정된다고 생각했다.

당시엔 유전 vs 환경 논쟁을 둘러싸고 다양한 접근법들이 등장했다. 버클리의 심리학자와 해부학자로 구성된 한 연구팀은 실험실 쥐의 외부적 환경 조건에 따라 설치류의 뇌 구조와 생리가 변화하는 지 확인하기 위해 실험에 나섰다.[1] 실험실 케이지에서 사회성을 기르고, 복잡한 탐구용 물체(연구팀의 표현에 따르면 '친구와 장난감')와 상호작용하며 성장한 쥐들은 정말로 다른 쥐들보다 뇌 용량이 더 늘고 뇌신경도 더 세분화되었다. 이것은 여러 논쟁을 불러일으킬 만한 획기적인 실험이었다. 외적 환경에 따라 생쥐와 남자들, 그리고 늑대와 여자들의 삶의 질이 향상될 수 있다는 가능성을 시사했기 때문이다. 그렇다, 인간의 행동을 충분히 이해하기 위해서는 생물학적 요인을 반드시 고려해야 하지만 생물학적인 특성은 결코 고정불변이 아니다. 언제든 바뀔 수 있다.

물론 오늘날의 심리학계는 내가 학생이었던 시절의 해묵은 논쟁은 이미 넘어섰다. 성격 형성에 유전과 환경이 모두 관여한다는 사실은 이제 널리 알려져 있다[2]

하지만 "당신은 어떤 사람인가?"라는 질문에 이 정도 대답만으로는 인간의 진정한 본성에 대한 충분한 통찰력을 얻었다고 할 수 없다. 그날 내가 사빈 교수를 찾아가 운명적인 노크를 한 이후 줄곧 탐구해 온 것은 개인이 추구하는 개별적이고 독특한 목표, 즉 퍼스널 프로젝트였다. 나는 이것이 어떻게 생물학적·사회적 설명 못지않게 인간의 정체성을 잘 설명하는지, 그리고 어떻게 유전론과 환경론에 대한 이해와 접근방식을 바꾸는지 연구해왔다.

퍼스널 프로젝트는 우리가 타고난 성격의 바운더리를 벗

어나 행동할 수 있도록 하는 힘, 즉 성격 자체를 재구성하는 강력한 원동력이 된다. 이것은 내가 직접 경험한 일이다.

앞서 이야기했듯이, 사빈 교수를 찾아갔을 무렵 나는 개인적으로 엄청난 변화의 소용돌이 속에 있었다. 1964년 9월, 내가 UC 버클리 캠퍼스에 도착한 지 며칠 만에 자유언론운동Free Speech Movement(캠퍼스에서 정치적 활동을 전면 금지하는 대학 학칙에 반대하고 학생의 자치권과 발언권을 주장한 선구적인 학생운동)이 시작됐다. 인종차별에 반대하는 버클리 대학생들의 캠페인을 대학 당국에서 금지했기 때문이다. 대학 측의 억압적인 정책에 반발하는 재학생들의 시위와 연좌 농성, 토론회가 폭발적으로 번졌다. 시위 참가자들은 저명하고 거대한 대학인 UC 버클리가, 노벨상 수상자와 연방정부의 용역사업 계약에만 혈안이 되어 학생들을 망치고 있다고 주장했다.

나는 자유언론운동에 완전히 사로잡혔다. 갑자기 내 안의 내성적인 심리학도가 고개를 드는 듯했다. 그것은 자유와 정의라는 대학생의 본분에 동참하라는 지극히 개인적이고 개성적인 행동 요청이었다. 혁명에 앞장서기보다 혁명에 대한 시나 쓸 법한 학생이었던 내가 불의에 맞서 목소리를 내야겠다는 의욕을 느낀 것이다. 이것은 전에 없던 일이었고, 나의 정체성은 뿌리째 흔들렸다. 변화는 새로운 것을 느끼고 생각하는 것에서 그치지 않고 새로운 행동으로도 이어졌다. 당시 내가 선택한 목표는 어느새 나의 인간성을 재구성하고 있었다. 나는 연좌 농성이나 시위 참여나 정의 구현 같은 프로젝트에 참여해야 한다는 책임감을 느꼈다. 그리고 이것들은 결과적으로 내가 스스로 나라는 존재를 바꾼 의미 있는 행동이었다.

이제 처음으로 돌아가 내가 당신에게 던졌던 질문을 다시 해보려 한다. 후텁지근했던 그날, 사빈 교수가 연구실 문을 두드린 나를 놀라게 그 질문. "당신은 누구인가?"

이쯤되면 당신도 스스로를 단순히 생물발생적인, 혹은 사회발생적인 결과물이라고 이해하는 것은 지나치게 제한적 해석이라는 데 동의할 것이다. 이에 더해서, 나는 당신이 퍼스널 프로젝트의 산물이라는 사실을 깨닫기 바란다. 퍼스널 프로젝트는 개인의 생물학적 배경과 문화적 환경으로부터 비롯되지만, 사람은 두 분야 모두를 변화시킬 수 있다. 퍼스널 프로젝트는 삶의 폭을 넓혀 개인의 한계를 확장하고,

새로운 의미를 찾을 수 있게 한다. 당신은 새로운 관점으로 자신을 바라보게 된 다음 되묻게 될 것이다. "나는 진정, 어떤 사람인가?" 나를 제대로 알게 된다면 내가 현재 어떤 삶을 살고 있는지 정확히 알 수 있다. 그다음에 미래를 능동적으로 탐색할 수 있을 것이다.

성격의 5대 특성 검사 BFI-2-XS

여기 여러 가지 성격 특징을 표현한 문장이 있다. 각 항목 옆에 점수 (1부터 5까지)를 적어 해당 진술에 동의 여부를 표시하라.

1. 전혀 그렇지 않다   **2.** 별로 그렇지 않다   **3.** 중립: 의견 없음   **4.** 약간 그렇다   **5.** 매우 그렇다

나는…

1 조용한 편이다. ~~~~~~

2 동정적이고 마음이 약하다. ~~~~~~

3 잘 어지르는 편이다. ~~~~~~

4 걱정이 많다. ~~~~~~

5 미술, 음악, 문학에 심취한다. ~~~~~~

6 주도적이며 리더 역할을 한다. ~~~~~~

7 가끔 남들에게 무례하게 군다. ~~~~~~

8 과제에 착수하기가 힘들다. ~~~~~~

9 의기소침하고 우울한 편이다. ~~~~~~

10 추상적인 아이디어에 관심이 없다. ~~~~~~

11 활기가 넘친다. ~~~~~~

12 사람들의 선의를 기대한다. ~~~~~~

13 언제나 믿고 의지할 만하다. ~~~~~~

14 정서적으로 안정되어 쉽게 화내지 않는다. ~~~~~~

15 독창적이고 새로운 아이디어가 많다. ~~~~~~

채점 방법

항목	계산법	점수
개방성 점수	(1 + 15) - (10)	
성실성 점수	(13) - (3 + 8)	
외향성 점수	(6 + 11) - (1)	
친화성 점수	(2 + 12) - (7)	
정서 안정성 점수	(4 + 9) - (13)	

점수 해석

항목	평균	비교적 낮음	비교적 높음
O 개방성	5점	3점 이하	7점 이상
C 성실성	-1점	-3점 이하	1점 이상
E 외향성	4점	2점 이하	6점 이상
A 친화성	6점	4점 이하	8점 이상
N 정서 안정성	3점	1점 이하	5점 이상

성격의 5대 특성 검사 목록 초간단 양식

(BFI-2-XS)2015Copiright은 저작권자 올리버 P. 존슨 및 크리스토퍼 J. 소토에게 허락을 받아 실었다. BFI-2-XS 검사에 대한 자세한 내용은 콜비 성격연구소 웹사이트(http://www.colby.edu/psych/personality-lab/)를 참조하라.

1

탐색전 - 자아의 3요소

비교적 변하지 않는 타고난 고정 특성은 당신이 가는 길을 어느 정도 제한하는 역할을 한다. 당신이 속한 사회·문화 환경에 따라 어떤 길은 열리고 또 어떤 길은 막힐 것이다. 그리고 당신이 길을 해석하는 방식에 따라, 즉 당신이 당신의 프로젝트를 정의하고 묘사하고 판단하는 방식에 따라 삶의 행로는 또 바뀔 것이다.

지금 당신은 어떻게 지내나요? 행복한가요? 인생에서 중요한 일을 잘 이뤄가는 중인가요? 역량을 충분히 발휘하면서 살고 있나요? 사랑하고 사랑받고 있나요? 몸은 건강한가요? 살면서 웃을 일은 좀 있나요? 이 모든 질문에 그렇다고 대답한다면 당신은 지금 '잘살고 있다.' 반대로 모두 아니라고 대답하거나 눈알을 부라리며 "뭐야 진짜, 장난해?"라는 반응이 나온다면 아무래도 '못살고 있다'고 해야겠다. 물론 이 양극단 사이에서 형편대로 그럭저럭 살아가는 사람들이 가장 많았다.

생물발생적 특성은 삶의 질을 결정하는 데 큰 영향을 준다. 어떤 사람들은 기질적으로 삶을 낙관적이고 긍정적으로 바라본다. 설령 그들이 객관적으로 상당히 암울한 현실에 놓여있을 때도 말이다. 반면 꽤 안정적이고 풍요로운 생활을 하면서도 인생을 공허하고 비참한 것으로 보는 사람들도 있다. 그러므로 '당신은 어떤 사람인가?'라는 (사람의 유전과 환경을 묻는) 질문의 답은 곧 '당신은 어떻게 지내는가?'라는 질문의 답과 맥락을 같이한다. 생물발생적 요인과 사회발생적 요인의 관계는 간단히 다음과 같이 표현될 수 있다.

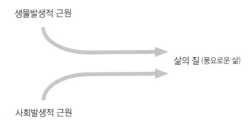

생물발생적 근원

삶의 질 (풍요로운 삶)

사회발생적 근원

다시 말해, 인생을 만족스럽게 사느냐 하는 문제는 부분적으로 개인의 생물발생적 근원과 사회발생적 근원의 조합이 만드는 복합적인 영향력에 달려있다. 우리는 우선 이 두 가지 근원이 어떻게 작용하는지 이해할 필요가 있다. 그러고 나서 우리의 정체성과 삶의 질을 의도대로 설계할 수 있는 또 다른 힘, 퍼스널 프로젝트에 대해 상세히 알아보기로 하자. 그럼 먼저 내부에서 우리를 만드는 생물발생적 근원과 외부에서 우리에게 영향을 미치는 사회발생적 근원이 무엇인지 간략히 살펴보자.

내부 탐색: 나 들여다보기

현미경으로 당신의 몸속을 들여다본다고 상상해보자. 렌즈를 통해 피부 아래를 파고들어 조직, 세포기관, 세포핵, 염색체, 그리고 유전자까지 확대해서 볼 수 있을 것이다. 이번엔 렌즈를 머릿속 뇌로 향하게 해보자. 신경세포 하나하나가 신경전달물질을 내뿜는 모습과 주변 세포가 폭발적으로 활동하는 모습이 관찰될 것이다. 서서히 초점을 몸 밖으로 옮겨보자. 자신의 몸속에서 어떤 일이 벌어지는지 이해하고자 이 책을 읽는 당신의 모습을 관찰해보라. 바로 이 '관찰자'가 당신의 생물발생적 자아다.

생물발생적 관점을 연구하는 성격심리학자들은 상대적으로 고정된 성격 특성이 개인의 삶에 어떤 영향을 미치는지 탐구한다. 사람은 각자 가진 뇌 구조와 기능 차이에 따라 다른 '고정 특성'을 가진다. 생물발생적 특성은 뇌의 다양한 영역에서 전기적 활동을 측정하거나 신경전달물질의 활동 패턴을 분석해서 평가할 수 있다. 또는 개인 유전자 분석을 통해서도 확인할 수 있다. 덴마크 출신 과학 작가 로네 프랑크는 《나의 아름다운 유전자My Beautiful Genome》라는 책에서 게놈 분석을 통해 자신의 유전자 특성을 조사하고 유전자와 건강, 성격이 갖는 연관성에 관한 흥미로운 연구 결과를 들려주었다. 프랑크는 "내게 부정적인 정서에 쉽게 치우치도록 작용하는 유전자 변이가 있다는 사실을 알게 되었다"면서, 자신의 친화성 점수가 처참하게 낮다는 사실을 꽤나 유쾌하게 설명했다.[3]

생물발생적 성격 특성 때문에 어떤 사람은 행복이나 건강이나 성공을 비교적 쉽게 이루고, 또 어떤 사람은 살면서 겪는 사소한 문제에도 비교적 쉽게 절망하게 된다. 당신이 지금 풍요롭게 잘살고 있다고 치자. 당신은 행복하고 건강하며 성공적으로 살고 있다. 매사가 못마땅한 단짝 친구에 비하면 상대적으로 확실히 잘살고 있고, 아마 절대적으로도 그럴 것 같다. 이것은 당신이 생물발생적으로 낙관적인 기질과 성격 특성을 타고났기 때문일 수 있다. 삶에 고난이 닥치더라도 당신은 변함없는 유전적 기질에 힘입어 금세 기력을 회복하고 명랑해질 것이다. 그리고 계속해서 성장하고 발전한다. 어쩌면 남들이 모두 당신의 행복과 건강을 빌고 뒤에서도 덕담만 한다는 긍정적 망상증, 즉 프로노이아 Pronoia를 가지고 있을 수도 있겠다.[4] 한편, 당신의 비관적인 단짝 친구의 타고난 고정 특성은 잘사는데 전혀 도움이 되지 않을 수 있다. 친구는 화가 많고 반항적이며 매사에 불만이 많은데, 친구 어머니의 말로는 태어났을 때부터 그랬단다. 친구는 기질적으로 성격이 까탈스럽다. 그래서 사는 게 만만치 않다.

성격의 5대 특성: 타고난 자아

사람이 자기 팔꿈치 바깥쪽을 혀로 핥을 수 있을까? 당신이 이 질문에 어떻게 반응하느냐에 따라 당신 성격의 토대가 되는 유전적 특성을 짐작할 수 있다. 이상하게 들릴지 모르지만 사실이다. 즉 당신이 묵묵부답이었는지, 실제로 팔꿈치를 핥아보려 시도했는지에 따라 달라진다. 설명하자면 이렇다. 사람의 성격 특성을 구분하는 방법은 셀 수 없이 많지만, 성격심리학자들은 사람의 기본적인 특성을 크게 다섯 가지 차원으로 구분할 수 있다는 데 의견 일치를 보았다. 이 것이 바로 '성격의 5대 특성'이다. 5대 특성은 개인의 인생 여정에 큰 영향을 끼친다.[5] 자신의 성격 특성을 간략하게 평가하고 싶다면 이 책의 앞에 실린 자가 검사표를 활용하면 된다.

성격의 5대 특성은 다음과 같다. 각 특성의 영어 앞 글자를 따서 오션OCEAN이라고도 한다.

O 개방성 vs 폐쇄성 Open to Experience (vs. Closed)

C 성실성 vs 불성실성 Conscientious (vs. Casual)

E 외향성 vs 내향성 Extraverted (vs. Introverted)

A 친화성 vs 비친화성 Agreeable (vs. Disagreeable)

N 정서 불안정성 vs 안정성 Neurotic (vs. Stable)

성격의 5대 특성은 모두 강력한 생물학적 근거를 토대로 하며, 성격과 신경과학을 연구하는 학자들이 각 특성별로 신경구조와 기저 경로를 밝혀낸 것이다.[6] 실질적으로 모든 국가와 문화 및 언어권에서 같은 양상이 나타나기 때문에 5대 특성은 성격의 보편적 관점이라고 보아도 무방하다. 하지만 모든 인간이 같다는 의미는 아니다. 오히려 그 반대다. 세상 어디를 가든 5대 특성에 따라 개개인이 서로 다르다는 뜻이다. 게다가 성격의 5대 특성은 뚜렷한 경계로 구분되지 않는다. 사람의 5대 특성은 각각의 스펙트럼에서 어딘가 일정한 위치에 표시되는데, 대다수가 중간 범위에 몰리고, 양극단은 드물게 나타난다. 각 성격의 특성을 하나씩 간단히 소개하겠다.

개방성

경험에 개방성이 높은 사람들은 새로운 일에 쉽게 도전하고 대안을 찾아나서는 데 주저하지 않는다. 개방성이 낮은 사람들은 검증되고 안전한 방식을 선호하며 개방적인 사람들과 달리, '유효성이 증명된' 같은 표현을 무척 좋아한다. 캘리포니아대학교 버클리 캠퍼스 성격평가연구소(현재 명칭은 성격 및 사회연구소the Institute of Personality and Social Research)에서 시행된 획기적인 연구에 따르면 경험 개방성은 창의력이 뛰어난 사람들의 두드러진 특징이라는 사실이 밝혀졌다.[7] 성격의 5대 특성을 처음 개발한 심리학자의 연구 결과에 따르면, 개방적인 사람은 미술이나 음악을 접할 때 소름이 돋거나 털이 곤두서는 심미적 경험을 더 자주 하게 된다고 한다.

그래, 당신은 살면서 팔꿈치를 핥아보려 했던 적이 있나? 그랬다면 당신은 개방성이 높은, 새로운 경험을 마다하지 않는 사람일 수 있다.

성실성

성실성 점수가 높은 사람들은 (특히 전통적 의미에서) 성공을 거둘 가능성이 높다. 이들은 성실성이 낮은 사람보다 학업과 직업에서 높은 성취를 이룬다. 그러나 이러한 성공은 전통적인 문제 해결을 중시하는 학교 수업이나 업무에서 빈번한 반면, 독창적인 문제 해결 방법을 고안해야 하는 일에는 개방성이 높은 사람이 더 탁월한 능력을 보인다.

매우 성실한 사람들은 꼼꼼하고 끈기 있게 눈앞에 놓인 활동에 집중한다. 하지만 이런 고도의 집중력이 필요한 분야는 따로 있다. 예를 들어, 성격 및 조직학 연구의 선구자인 로버트 호건과 재니스 호건이 고안한 연구를 살펴보자. 그들은 재즈 연주자들에게 동료 연주자의 연주 실력을 평가하도록 했다. 흥미롭게도 '다소 아쉽다'는 평가를 받은 연주자들은 공통적으로 성실성 점수가 높았다. 아마도 재즈의 생명은 억제되지 않은 자연스러운 즉흥성이기 때문에 이런 결과가 나왔으리라 추측한다.[9]

성실한 성인들은 마약이나 위험한 활동을 멀리하고 건강을 위해 체력단련에 힘쓸 가능성이 높다. 그런 탓에 성실성이 낮은 또래들에 비해 더 건강하게 장수한다. 반면 성실성이 결여되면 비교적 일찍 심장질환으로 사망할 가능성이 있다고 밝혀졌다. 또한 성실한 사람은 일과 가정에서 자기 역할에 충실하기 때문에 그 성실함을 보상받고 더욱 성실해진다.

팔꿈치를 핥아보라는 은근한 요청에 성실한 사람들은 어떤 반응을 보일까? 그룹별로 이 과제를 제시했을 때 대부분의 성실한 그룹 사람들은 팔꿈치 핥기를 시도하지 않았다. 이들은 혼자 기억해두었다가 집에 가서 혼자 확인해볼 사람들이다. 모르긴 해도, 심하게 성실한 사람들은 '자기 팔꿈치 핥기'를 구글에 검색해보고 정말 불가능한 일인지 알아볼 것이다.

외향성

외향적인 사람들은 주변에서 얻는 잠재적 보상에 매우 민감하다. 그들은 일상에서 하는 일과 직장에서 하는 업무를 효율적으로 수행하기 위해 자신이 갈망하는 긍정적인 자극을 추구한다. 이런 성격 특성 역시 생물발생적 근원을 가진다. 외향적인 사람은 내향적인 사람보다 카페인 같은 화학 자극제에 의해 뇌가 활성화된 상태에서 글자 수수께끼나 단기기억과 관련된 인지 과제를 더 잘 수행한다는 증거가 있다. 반대로, 술과 같은 진정제를 마시면 수행능력이 떨어진다.

외향적인 사람은 음악도 시끄럽고 리듬이 강하며 신나는 쪽을 선호한다. 외향적인 사람은 권위에 반발하는 경향이 있어서, 종종 교통 위반 딱지를 받거나 어린 시절 말썽을 일으켰을 가능성이 더 높다. 외향적인 사람은 자극을 추구하고 언제나 처벌보다는 보상 가능성에 초점을 맞추고 있기 때문이다.[10]

외향적인 사람에게 가장 긍정적인 자극은 '사회적 상호작용'이므로 이들은 모임을 좋아한다. 사회적 상호작용 중에서 가장 자극적인 것은 섹스다. 외향적인 사람은 내향적인 사람보다 성 경험의 빈도와 다양성이 높은 것으로 나타났다. 하지만 그렇다고 낙담할 필요는 없다. 행위의 질과 양은 서로 상쇄된다는 보편적 법칙이 있지 않은가. 보통 외향적인 사람은 질보다 양을 선택하고 내향적인 사람은 그 반대다. 내 제자 가운데 몇몇 학생들은 섹스라는 행위 또한 질과 양의 상쇄라는 법칙을 따를 거라 주장하기도 했다. 이 주장을 펼친 쪽은 내향적인 학생들이었다. 나는 편견 없이 받아들이겠지만 아직 이 가설에 관한 연구는 없다.[11]

그리고 팔꿈치를 핥는 문제에 관해서라면, 나는 외향적인 독자들이 분명 자기 팔꿈치를 핥으려 했을 거라고 생각한다. 어쩌면 옆 사람 팔꿈치를 핥는 것까지 성공했을지도 모를 일이다.

친화성

친화성이 높은 사람들은 집단 내에서 갈등을 무마하고 협력관계를 형성하는 역할을 특히 잘한다. 친화성이 낮은 사람에 비해 친화성이 높은 사람은 남을 잘 믿기 때문에 다른 사람들 눈에는 순진해 보이기도 한다. 친화력이 좋은 사람은 사람 중심 척도에서 높은 점수를 받는다. 사람 중심 척도는 공감능력, 이타심, 온정, 감정 전달 등의 상호작용 방식을 말한다. 또한 친화력이 좋은 사람은 타인의 감정 신호에 민감하기 때문에 공감능력이 높다.[12]

친화성이 낮은 사람들은 냉소적이고 남을 믿지 못한다. 그리고 습관적으로 적대감을 드러내 건강 문제, 특히 심혈관계 질환에 취약하다. 이런 점에서, 그들은 성격심리학에서 말하는 관상동맥 질환 위험군의 성격, 즉 A유형(1970년대 미국의 심장 전문의 프리드만과 로젠만이 밝힌 성격 유형 중 심혈관계 질환에 걸릴 가능성이 높은 유형)과 비슷하다. A유형은 조급하고 경쟁적인 사람이다. A유형의 심장 질환 위험이 높은 것은 성공 욕구 때문이 아니라 비친화성과 적대감 때문이라는 사실 또한 밝혀졌다.

친화성과 팔꿈치 핥기는 어떤 연관이 있을까? 친화성이 높은 사람은, 말하자면 순응적이다. 따라서 팔꿈치 핥기에 협조적일 가능성이 크다. 하지만 친화성이 낮은 사람은 비협조적일 가능성이 크다. 그들은 아예 책을 덮고 밖으로 나가 애꿎은 이웃집 아이들에게 소리를 지를 수도 있다.

정서 불안정성(신경과민)

신경증이라는 단어에는 어느정도 힐난의 느낌이 있다. 신경과민증이 가치를 인정받고 주목받는 곳도 종종 있긴 하지만(예컨대 뉴욕), 보통은 부정적으로 인식된다. 성격의 5대 특성 가운데 정서 불안정성 항목에서 높은 점수를 보이는 사람들은 불안이나 우울감에 시달리거나 정서적으로 취약한 경향이 있다. 정서 불안정성이 높다고 해서 병적인 우울증이나 공포증에 시달리는 것은 아니다. 단지 삶의 질을 다소 떨어뜨리는 부정적 정서를 남들보다 자주 경험할 뿐이다. 외향적인 사람이 열심히 보상 가능성을 추구하듯이, 정서가 불안정한 사람은 처벌 가능성에 예민하다. 놀랍지 않게도, 5대 성격 특성 결과를 통해 사람의 행복도를 평가해보면 '정서가 안정된 외향적 사람'이 가장 행복하고, '정서가 불안정한 내향적 사람'이 가장 행복과 멀었다.

정서 불안정성에 긍정적인 면은 없을까? 신경이 예민한 사람들은 광산의 카나리아 새처럼(광부들이 갱도에서 작업을 할 때 위험에 대비하기 위해 유독가스에 민감한 카나리아를 이용했던 것에서 유래한 표현) 무던한 사람이 눈치채지 못하는 것을 먼저 민감하게 알아채곤 한다. 그들은 환경 변화, 일상의 교란, 그리고 예기치 못한 위험 등 각종 시그널에 예민하다. 이런 특성은 물론 느긋하고 편안한 삶을 사는 데는 전혀 도움이 되지 않는다. 하지만 작가나 예술가처럼 인생을 예리하게 통찰하는 사람들은 흔히 신경증 성향을 가진 것으로 밝혀졌다. 성격의 진화론적 근원을 따져보면, 정서가 안정된 외향적인 원시인이 최초로 먹이를 발견하고 나머지는 그가 사냥한 식량을 나눠먹는 이득을 누렸을 것이다. 하지만 포식자의 낌새를 재빨리 눈치채는 일에는 정서가 불안정한 내향적 원시인을 따라올 자가 없었을 것이다. 야생에서 생존을 위한 사주경계는 필수다. 인류는 식량을 구한 외향적인 원시인만큼이나, 사냥당하거나 잡아먹힐 위험을 줄여준 내향적인 원시인에게도 고마워해야 한다.[13]

만약 당신이 정서 불안정성이 높은 사람이라면, 팔꿈치 핥기를 두고 한참 고심하면서 이처럼 별 것 아닌 도전에도 대처하지 못하는 자신의 능력이 보잘 것 없다고 걱정하고 있을지도 모르겠다. 하지만 부디 그러지 않기를 바란다. 민감성은 흔히 과소평가된다. 그리고 진화론적 관점에서 인류는 당신에게 정말 많은 신세를 졌다.

여기까지 이야기를 정리해보자면 이렇다. 사람의 5대 성격 특성은 유전적 토대가 작용해 형성된다. 어떤 사람은 비교적 무던한 기질을 타고나고, 다른 이는 남들보다 비교적 예민한 기질을 타고난다. 이런 본질적 특성이 사람의 제1 본성을 이룬다. 그러나 타고난 기질이나 유전자 조합의 행운이 개인의 인생 여정을 결정하는 유일한 요소는 결코 아니다.

사회발생적 자아

다시 가상의 렌즈를 이용해야겠다. 이번에는 카메라가 당신이 있는 곳에서부터 멀어진다고 상상해보자. 먼저 이 책을 읽고 있는 당신의 모습이 보인다. 그리고 당신 주변의 사람들, 거실이나 열차, 아니면 카페에 앉아있는 이들이 보인다. 더 범위를 넓히면 당신이 사는 도시, 지역, 나라, 그리고 마침내 지구 전체의 모습이 한눈에 들어온다. 이곳이 바로 우리다. 우리는 이토록 거미줄처럼 복잡하게 얽혀있는 상황과 환경, 장소와 맥락 속에 살아간다. 이 속에서 우리는 사람들과 어울려 일상을 꾸려간다.

이 가상의 카메라에는 부가 기능이 있다. 이를 통해 온라인 세계, SNS, 그리고 가상현실 공간까지 샅샅이 살필 수 있다. 예를 들어 당신이 지난주에 주고받은 이메일, 어제 찍은 셀카(심지어 삭제한 사진도), 지난 3년간의 인터넷 검색 기록까지 모조리 노출된다(이건 좀 무섭다). 이렇게 어마어마하게 복잡하게 얽힌 사회·문화적 관습과 사람들 한가운데 당신이라는 존재가 있다. 사람들이 알고, 믿고, 이름을 부르는 당신이 바로 바로 사회발생적 자아다.

사회발생적 관점을 열성적으로 추구하는 학자들은 일상생활에서 마주하는 상황과, 그 상황을 만드는 보다 큰 맥락을 연구한다. 생물발생적 영향력이 제1 본성을 빚어냈다면, 사회발생적 영향력은 제2 본성을 만들어낸다. 이런 관점에서 보면, 개인의 정체성과 삶의 질은 성격의 고정 특성뿐만 아니라 되풀이되는 일상에도 크게 좌우된다. 어떤 환경에서 자라고 어떤 기회가 주어졌느냐에 따라, 어떤 규범을 따르느냐에 따라, 그리고 남들이 그에게 어떤 모습을 기대하느냐에 따라 그의 사회발생적 자아는 달라진다. 성격의 사회발생적 견해를 취하는 심리학자들은 삶에서 맡게 되는 역할, 사회관계망, 행동을 지배하는 경제·정치 시스템이 사람들에게 미치는 영향을 이해하고자 한다.

예를 들어, UN에서 매년 발표하는 '세계행복보고서'를 보자. 행복지수가 높은 국가의 사람들은 야자수가 아름다운 해변에서 에메랄드빛 바다를 바라보며 작은 우산으로 장식한 칵테일을 마시는 것이 일상일까? 하지만 2019년도 조사에서 행복지수 최상위권 국가 TOP10은 다음과 같았다(한국은 54위를 차지했다).

1위 핀란드

2위 덴마크

3위 노르웨이

4위 아이슬란드

5위 네덜란드

6위 스위스

7위 스웨덴

8위 뉴질랜드

9위 캐나다

10위 오스트리아

이 나라들에는 야자수가 자라지 않는다(뭐, 뉴질랜드에는 야자수 숲이 있긴 하다). 행복지수가 높은 이들 10개국은 비교적 평화로우며 부유한 나라라는 공통점이 있다. 그리고 무엇보다, 이들 국가는 개인에게 욕구를 마음껏 추구할 수 있도록 충분한 자유를 허용하고, 형편이 나쁜 이에게는 사회복지와 의료 혜택을 지원한다. 당신이 이런 환경에 살고 있다면 행복하고 만족스러운 삶을 누리기에 유리할 것이다.

잠깐, 주의사항 두 가지

여기서 생각을 멈추면 될까? 과연 여기까지가 정체성의 전부일까? 인간은 생물학적 존재이자 사회적 존재이며, 두 영향으로 삶의 질이 정해진다고 결론 내리면 될까? 이쯤에서 멈춘다면, 우리는 두 가지 근본적인 실수를 저지르게 될 것이다.

우선, 유전과 환경이 별개로 자아를 형성하는 것이 아니라 서로 밀접하게 연결된다. 두뇌 가소성Brain Plasticity, 즉 경험과 훈련을 통해 일시적으로나마 사람의 신경세포 기능을 변화시킬 수 있다는 사실은 현재 널리 인정받고 있다. UC 버클리대학교의 연구원들이 실험실 쥐의 뇌 용량을 증가시켰던 실험을 기억하는가? 당시엔 그런 실험결과가 급진적이고 논쟁적이었지만 이제는 흔한 이야기가 되었다. 실제로 최근에는 뇌의 최적화 기능도 바꿀 수 있다는 가정에 근거한 광범위한 프로그램이 개발되고 있다. 다시 말해, 사회적 맥락이 두뇌 활동에도 영향을 미칠 수 있다는 이야기다. 반대의 경우도 마찬가지다. 생물발생적 성격 특성은 개인이 몸담은 사회에 직접적인 영향을 미친다. 예컨대 기질적으로 유순하고 상냥한 아기와 짜증스럽고 불안감이 높은 아이는 각자의 부모를 전혀 다른 사람으로 만들 것이다. 사회적 자극을 추구하는 성향을 타고난 사람과 기질적으로 타인에게 폐쇄적인 사람은 서로 전혀 다른 사회적 맥락에서 생활하게 될 것이다.

간단히 말해, 삶의 질에 영향을 주는 생물발생적 요인과 사회발생적 요인 사이에는 밀접한 연관성이 있다. 간단히 묘사하면 다음과 같다.

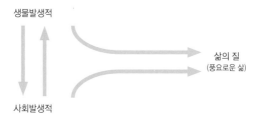

인간은 생물발생적 존재이자 사회발생적 존재이며, 두 힘이 상호작용하여 개인의 삶의 질을 형성한다. 이 문장에 오류는 없다. 그러나 여기까지만 생각한다면 근본적인 오해가 생길 수 있다. 인간을 수동적으로 영향을 '받기만' 하는 존재로 인식할 수 있기 때문이다. 이런 시각을 토대로 하면 인간은 스스로 성취를 이루는 주체가 아니라 유전이나 환경, 혹은 둘의 상호작용에 의해 움직이는 객체로 비춰질 수 있다.

이런 견해는 심각한 오류로 이어진다. 우리의 정체성과 행동이 그저 통제할 수 없는 힘에 의해 기계적으로 결정될 뿐이라면, 책임감 있는 행동과 자기 발전을 도모하는 능력을 상실하게 될 것이기 때문이다. 이처럼 제한적인 방식으로 자신을 바라보는 견해는 스스로를 과소평가하고 자율성을 해치는 결과를 낳을 수 있다.

물론, 성격에 영향을 미치는 유전적 요인이나 사회 시스템을 근거로 자아를 파악해나가는 과정은 흥미롭고 계몽적이다. 유전과 환경 모두 인간의 조건을 설명하는 데 필수적이니까. 하지만 이것으로 충분하지는 않다. 당신의 본질이나 인생의 선택을 정확하게 이해하고, 잠재적 자아를 탐색하기 위해서는 당신의 존재를 좀 더 넓은 관점에서 살펴볼 필요가 있다.

제3의 본성

당신이 어떤 사람인지 온전히 이해하고자 한다면 먼저 당신의 제1 본성, 가령 성격의 5대 특성 같은 생물발생적 특성을 정확히 파악하는 일부터 시작해야 한다. 그런 다음 제2 본성, 즉 당신이 몸담은 세계에서 어떤 역할을 담당하고 어떤 대본에 따라 행동하는지 알려주는 사회발생적 조건을 확인한다. 하지만 성격에 강력한 영향을 미치는 한 가지 힘이 더 있다. 이것은 제3의 본성, 바로 특수발생적 자아다. 특수발생적idiogenic이라는 용어는 '개인에게 고유한' 혹은 '자신만의 특별한'이라는 뜻의 그리스어 이디오idio-에서 생겨났다.

'제3의 본성'의 개념을 기원부터 이해하려면 내 개인사를 한번 더 꺼내야 한다. 대학원에 들어가기 직전, 나는 우연히 한 권의 책과 만나게 되었다. 그리고 그 책은 내 전공뿐만 아니라 내가 존재의 정체성을 이해하는 방식까지 바꿔놓았다.

개인적 구성개념: 세상을 보는 렌즈

대학원에 진학하기까지 한 달쯤 남았을 때였다. 나는 학부 도서관에서 뇌 해부학 책을 찾고 있었다. 그리고 내가 서가에 손을 뻗었을 때 해부학 책이 있어야 할 자리에는 다른 책이 꽂혀있었다. 내 손에 잡힌 것은 조지 A. 켈리의 《개인적 구성개념의 심리학The Psychology of Personal Constructs》이라는 두꺼운 책이었다. 강의 시간에 훌륭한 책이라고 들었던 기억이 나 그 자리에서 몇 장 훑어보았다.

몇 시간 뒤, 나는 도서관 바닥에 쪼그려 앉아 책을 읽고 있었다. 나는 그의 글에 완전히 매료되었고, 갑자기 눈앞에 새 삶이 열려 강렬한 깨달음을 얻는 듯했다. 당시 나는 신경심리학을 전공할 작정이었지만, 켈리의 성격이론을 제대로 이해할 때까지 결정을 보류하기로 마음먹게 되었다.

켈리의 개인적 구성개념 이론의 핵심은 이렇다. 모든 개인은 본질적으로 세상에 대한 가설을 세우고 경험에 비추어 가설을 다시 검증하고 수정하는 과학자다. 이런 가설을 '개인적 구성개념Personal Construct'이라고 하며, '구성개념'은 개인이 세상을 바라보는 프레임이라고 할 수 있다.[14]

여기서 핵심 단어는 '개인'이다. 사람은 저마다 자기 고유의 언어로 표현된, 다른 의미의 구성개념을 가진다. 구성개념은 일반적으로 사람이나 사물, 또는 사건의 특징을 서로 대조하는 단어들로 표현된다. 이를테면 우리는 사물이나 타인을 볼 때 착한–못된, 직설적인–돌려 말하는, 똑똑한–멍청한, 활기찬–생기 없는 등의 잣대로 평가하곤 한다. 개개인은 대상을 구분하고 해석하는 각자의 구성개념을 통해 대부분의 일상 과제를 수행한다. 나와 당신뿐만 아니라 우리의 동료나 이웃들도 그들만의 잣대, 즉 개인적 구성개념을 활용하여 살아간다.

20세기 중반에 발표되었을 당시 켈리의 연구 이론은 급진적이라는 평가를 받았다. 당시에는 정신분석과 행동주의에 근거를 둔 성격 이론이 지배적이었다. 두 이론의 접근방법은 서로 달랐지만, 인간을 수동적인 존재로 보는 점만은 같았다. 하지만 켈리가 제안한 인간의 전형은 이와 달랐다. 켈리가 보는 인간은 무의식중에 생물발생적 힘에 의해 움직이거나, 사회발생적 행동강화에 의해 이리저리 휘둘리는 존재가 아니다. 반대로 인간은 호기심 많고, 탐구심도 강하며,

촉망되는 장래를 갖는다. 켈리는 또한, 어떤 사람을 이해하려면 그 사람의 고유한 구성개념을 이해해야 한다고 설명했다. 즉 그 사람이 자기 주변의 사물과 사건, 자기 자신과 타인을 해석하는 고유한 렌즈까지 인식해야 한다는 것이다.

흥미로운 점은 구성개념이 계속해서 변화한다는 것이다. 당신이 쓰던 4월의 렌즈는 5월이 되면 쓸모없어질 수도 있다. 아마추어 과학자로서 우리 모두는 세상을 달리 전망하고 새로운 아이디어를 시험하며 이 과정을 통해 각자에게 효과적인 구성개념을 새로 형성한다. 우리는 주변을 두루 이해하기 위해 능동적인 시도를 거듭하며 삶의 주체가 되어 인생을 개척한다. 이 시도는 아주 개인적이고 독특하며 사람마다 고유할 수밖에 없다. 그래서 '특수발생적'이라고 한다.

그러니까 내가 당신을 잘 알고 싶다면 당신의 렌즈를 끼고 당신만의 구성개념을 통해 세상을 바라봐야 한다. 당신의 성격이나 인생관을 이해하려면, 당신이 직접 구성한 렌즈를 통해서 세상을 바라봐야 한다는 뜻이다.

나는 켈리의 이론에 완전히 빠져들었다. 그리고 분명히 알게 되었다. 한 사람의 성격과 인생 운영 능력을 이해하는 최선의 방법은, 두 가지가 아닌 세 가지 자아의 원천을 동시에 분석해야 한다는 것을. 생물발생적, 사회발생적, 그리고 특수발생적 자아가 그것이다. 세 가지 자아의 상호작용은 다음과 같이 표현할 수 있다.

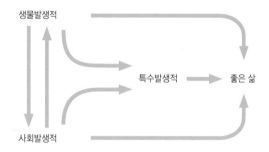

해안도로 위에서의 에피파니

켈리의 책을 우연히 발견하고 2년이 흐른 뒤, 나는 개인적 구성개념 이론을 보다 깊이 파고들 기회를 얻게 됐다. 운 좋게도 켈리 교수가 스탠포드대학교에서 성격심리학을 가르치기 위해 서부로 옮겨온 것이다. 나는 기대감에 부풀어 수강신청을 했고, 매일 버클리에서 팔로알토까지 캘리포니아 해안도로 '엘 카미노 레알'을 따라 자동차로 56분 거리를 통학했다. 켈리 교수는 종종 나 같은 소심쟁이 수강생이 해결하기 버거운 과제를 내주었다. 우리는 새로운 성격 이론을 고안해내야 했다.

첫날 강의가 끝난 후, 나는 조심스레 교수실 문을 두드렸다. 그가 내게 "자네는 어떤 사람인가?"라고 묻지는 않았지만, 어쨌거나 나는 자기소개를 했다. 그리고 개인적 구성개념 이론에 관해 두 가지 질문이 있다고 말했다. 내 첫 번째 질문은 재즈였다. 나는 구성개념 이론으로 음악 감상에서 얻는 수동적 쾌락을 설명할 수 있는지 물었다. 그러자 켈리 교수는 두 눈을 반짝이며 '재즈 연주'에 대해 열변을 토하기 시작했다. 그는 우리가 각자의 구성개념에 따라 재즈 뮤지션의 독특한 연주 스타일을 식별한다고 대답했다. 비록 내가 궁금했던 것은 재즈 연주가 아닌 재즈 감상에 대한 것이었지만, 그럼에도 나는 그의 대답에 매료되었다. 나는 여세를 몰아 두 번째 질문을 날렸다. 이 책의 머리말에 내가 썼던 자유언론운동FSM과 관련한 개인적 경험을 기억하는가. 나는 학생운동에 참여했던 나의 행동이 켈리가 말하는 '삶의 능동적 결정 주체인 인간의 모습'을 보여준다고 생각했다. 하지만 구성개념을 통해 인간을 연구할 때, 개인이 처한 상황이나 사회적 제도, 정치적 풍토 같은 삶의 맥락을 간과하게 되지 않을까 염려스러웠다. 켈리는 내 얘기를 들어준 뒤 좀더 고민해보라고 격려해주었고, 나는 신바람이 나서 교수실을 나왔다.

그날 밤 버클리 캠퍼스로 차를 몰고 돌아가는 길 위에서 나는 성격 이론에 관한 아이디어 몇 가지를 구상했다. 그리고 해안도로를 달려 샌프란시스코 초입에 들어서는 순간, 나는 작은 실마리를 찾은 것 같았다. 그것은 어쩌면 버클리에서 팔로알토까지의 나의 여정, 다시 말해 길 위의 그 과정 자체가 나의 개인적 구성개념 그 이상을 설명하는 것 같다는 생각이었다. 하지만 무언가 빠진 것 같았고 무언가 부족했다. 운전에 신경 쓰느라 복잡하게 생각하기 어려웠기에 나는 고속도로를 빠져나갔다.

그때 그곳에서 내가 깨달은 것은 내가 무언가 추구하고 있다는 것, 그리고 그것이 나의 퍼스널 프로젝트라는 사실이었다. 나는 그때부터 사람들이 그들의 삶에서 추구하는 퍼스널 프로젝트의 의미에 대해 생각하기 시작했다. 그것이 사소하건 중요하건, 개인적이건 사회적이건, 일시적 역할이건 지속적 임무건 간에 말이다. 퍼스널 프로젝트라는 새로운 개념을 떠올린 덕분에, 나는 내면의 지도와 외부 환경의 변주 가능성을 통합해서 개인적 구성개념을 다시 생각할 수 있었다. 외부 환경의 변주 가능성이란 진출로나 막다른 길, 뻥 뚫린 고속도로처럼 내가 나아가는 길의 여러 환경을 말한다.

그러니까 퍼스널 프로젝트는 우리의 성격을 구성하는 세 가지 힘인 생물발생적, 사회발생적 그리고 특수발생적 자아가 상호작용한 결과다.

비교적 변하지 않는 타고난 고정 특성은 당신이 가는 길을 어느 정도 제한하는 역할을 한다. 당신이 속한 사회·문화 환경에 따라 어떤 길은 열리고 또 어떤 길은 막힐 것이다. 그리고 당신이 길을 해석하는 방식에 따라, 즉 당신이 당신의 프로젝트를 정의하고 묘사하고 판단하는 방식에 따라 삶의 행로는 또 바뀔 것이다.

길을 계속 걸을지, 되돌아갈지, 아니면 무언가에 부딪혀 좌절하고 포기할지 결정하며 당신은 당신의 여정을 만들어 나간다. 이것이 곧 당신이 당신의 퍼스널 프로젝트를 정의하고 묘사하고 판단하는 방식이다. [15]

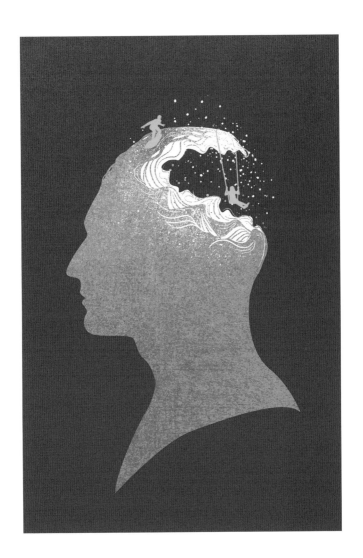

2

**당신의 행위는
당신의 존재보다 힘이 세다**

●●●

"모든 사람이 캐리 그랜트가 되고 싶어 합니다.
심지어 나조차도 캐리 그랜트가 되고 싶다니까요."

— 〈북북서로 진로를 돌려라〉의 배우 캐리 그랜트

로빈 윌리엄스가 카메라 앞에서 보여준 외향적 모습
은 글자 그대로 대본에 따른 것이다. '훌륭한 배우'
라는 퍼스널 프로젝트를 수행하는 데 필요한 역할을
연기한 것이다. 하지만 우리도 그렇지 않은가? 대본
에 따른다는 것은 비유적인 표현이지만, 우리도 명배
우들과 마찬가지로 상황에 따라 생물발생적 성격 특
성과 상반되는 모습을 종종 연출한다.

당신의 성격을 알아보는 방법에는 두 가지가 있다. 하나는 당신이 지닌 성격의 속성 차원으로 접근하는 것이다. 외향성, 성실성, 신경성 같은 특성이 여기 속한다. 다른 하나는 당신의 행위, 즉 퍼스널 프로젝트를 살펴보는 것이다. 이를테면 다음과 같은 개인적 목표, '사회성 기르기,' '영업 회의에서 끝내주는 판매전략 발표하기,' 혹은 '할 일 미루지 않기' 등이 있을 수 있다. 다시 말해 어떤 사람의 일상적인 '행위doings'를 살펴보면 그가 가진 '기질havings'만 살필 때보다 그를 좀더 새로운 관점에서 폭넓게 이해할 수 있다.[16]

이쯤 되면 당신이 이미 알아차렸을 수도 있겠다. 내가 직관에 어긋나는 주장을 시작했다는 것을. 나의 주장이자 우리가 논의해야 할 주제는 이것이다. "그가 누구인지 결정하는 것은 바로 그의 행동이다."

이 주장이 직관에 반하는 이유는 우리가 자신이나 타인에 대해 제1 본성과 제2 본성을 중심으로 생각하는 데 익숙하기 때문이다. 여기에 반해 퍼스널 프로젝트는 미래지향적이다. 우리는 퍼스널 프로젝트를 수행하면서 짧고 험난한

길 또는 길고 순탄한 길을 따라 앞으로 나아간다. 그리고 더듬 더듬 가다 보면 가장 은밀한 지점에 도달하게 된다. 자기 자신이다.

무엇보다 짜릿한 것은 퍼스널 프로젝트에 따라 경로를 재탐색할 수 있다는 사실이다. 우리는 험난한 길을 건너뛰고 평탄한 길 위로 순조롭게 달리는 법을 터득하고자 노력한다. 그리고 프로젝트를 추구하면서 삶을 풍요롭게 만드는 법을 터득한다. 이런 식으로 퍼스널 프로젝트는 우리 스스로를 정의하게 된다. 이것이 개인이 목표하는 과제에 따라 그의 인생이 흘러가는 까닭이다.[17]

분명히 해둘 게 있다. 퍼스널 프로젝트는 우리가 반드시 해야 하는 형식적 과제에 국한되지 않는다. 우리가 기꺼이 즐기는 행동들도 퍼스널 프로젝트다. 아기들은 걸음마를 하며 퍼스널 프로젝트를 수행하고, 연인들은 사랑을 나눌 때 그렇다. 이따금 내 고양이가 살금살금 움직이다 후다닥 몸을 날려 다른 고양이를 덮치고는 그대로 깔고 앉아 기분 좋게 그르렁대는 걸 보면 녀석에게도 프로젝트가 있는 게 틀림없다.

퍼스널 프로젝트에는 개를 산책시키는 일[18]처럼 아주 사소한 소일거리도 포함된다. 물론 사람이 할 수 있는 가장 고귀한 열망과 용기 있는 행동으로 나타나기도 한다. 로자 파크스가 인종 차별을 자행하는 버스에서 더이상 백인에게 자리를 양보하지 않겠다고 용기 있게 선언한 것은 엄청난 결과를 가져온 행동이었다. 알츠하이머병으로 기억을 잃어가는 어머니를 보며 가슴이 무너지는 당신이 신경 써서 어머니를 요양원에 모시는 것은 의무를 초월하는 행동이라고 할 수 있다.

"퍼스널 프로젝트는 고유한 특성을 가진 개인이 각자의 맥락에서 실행하는 지속적인 행위들의 모음이다."

자, 퍼스널 프로젝트를 정의한 이 문장을 단어별로 분석해보자. 먼저 '개인'이라는 개념부터 파고들자. 퍼스널 프로젝트는 수행하는 개인 특유의 관점에서 구체화된다. 나무 위에 오두막을 짓거나 마라톤 훈련을 하는 누군가의 행동을 관찰하는 것만으로는, 그가 어떤 사람인지 알 수 없다는 뜻이다. 그의 프로젝트를 제대로 이해하려면 그 사람의 특수 발생적 자아가 드러나는 핵심 질문을 해야 한다. "지금 무엇을 하고 있나요?" 혹은 더 구체적으로는 "지금 당신이 하는 일은 당신에게 어떤 의미가 있나요?"라고 물어야 한다. 아마 생각지도 못한 대답이 돌아올 것이다.

만약 지금 당신이 좋아하는 사람이 책을 읽는 당신을 관찰하고 있다면 갑자기 책에 집중하기 어려워질 것이다. 그러나 글자가 눈에 들어오지 않아도 당신은 꿋꿋이 책에 눈을 내리꽂을 것이다. 그 사람이 당신을 보고 있다는 것을 아는 순간 당신의 퍼스널 프로젝트는 책 읽는 지적인 이미지 어필하기가 될 테니까.

계속해서 정의를 해나가자. 다음은 '지속적인'이라는 형용사에 담긴 의미를 살펴보자. 찰나의 행동을 프로젝트라고 부를 수는 없다. 예컨대 사람의 성격이 사진 찍듯 포착할 수 있는 영구적 특성이라면, 퍼스널 프로젝트는 동영상이라고 할 수 있다. 스토리를 완전히 이해하려면 동영상을 처음부터 끝까지 지켜봐야 한다.

'모음'이라는 건 하나의 퍼스널 프로젝트를 이루기 위해 여러 행동이 실행된다는 뜻이다. 당신이 추구하는 프로젝트가 '전 남자친구는 잊고 새로운 사람 만나기'라고 해보자. 그렇다면 당신은 관계에 관한 책을 읽기도 하고, 관련 영상을 찾아보기도 하고, 당신을 잘 아는 사람들에게 조언을 구하고, 늦은 오후에 열리는 모임에도 참여할 것이다.

'고유한 특성'을 살펴보자. 한 사람의 퍼스널 프로젝트는 그의 특성을 여실히 드러내는 무엇이다. 그는 현기증이 날 만큼 수많은 대안 가운데 하나를 고르고 골라 그것을 자신의 프로젝트로 결정한 것이다. 기나긴 심사숙고를 거쳐서 말이다. 그만큼 퍼스널 프로젝트는 과제 수행자에게 특별한 의미가 있다.

'행위'라 함은 외부의 힘에 의한 수동적인 반응이 아니라 의도적이고 연속적인 행동을 말한다. 바람이 훅 불 때 반사적으로 눈을 깜빡이는 것은 행위가 아니다. 하지만 윙크할 때의 그 눈짓은 의도를 가진 행위다. 행위와 비행위는 미묘하게 다르다.

마지막으로 '맥락'이다. 퍼스널 프로젝트는 물리적·사회적·문화적·현실적 맥락의 영향을 받으며 맥락 안에서 수행된다. 앞서 확인했듯이 맥락은 과제 수행을 자극하고 촉진하는 한편 억제하고 차단할 수도 있다.

퍼스널 프로젝트

이제 독자 여러분이 이 책의 프로젝트에 참여할 때가 왔다. 각자 자신의 퍼스널 프로젝트를 점검해보자. 지금부터 10분 동안 현재의 목표와 수행하고 있는 다양한 과제를 적어보는 거다. 무엇을 적을지 너무 고민할 필요 없다. 퍼스널 프로젝트 목록에는 시시한 것부터 엄청난 애착이 담긴 것들까지 온갖 종류와 규모의 것들이 뒤섞여 있는 게 보통이다. 일반적으로 사람들은 10분 안에 15개 정도의 과제를 열거하지만, 시간 제한이 없다면 수백 개까지 나오기도 한다.[19]

퍼스널 프로젝트는 아주 은밀한 것일 수도 있다. 내가 내 수업을 듣는 대학생들에게 퍼스널 프로젝트 평가Personal Projects Analysis(PPA)를 과제로 내주었을 때, 남학생들이 그들의 최우선과제로 꼽은 것은 '학문적 소신 확립하기' 그리고 '섹스'였다.

학부생들의 고매하고 혈기왕성한 프로젝트 목록에서 당시 대학생들의 학업 및 사회생활의 현실을 어느 정도 엿볼 수 있었다고 하겠다.

오늘날 나와 내 연구팀은 수천 명의 퍼스널 프로젝트를 조사하고 분석해 직업과 일, 대인관계, 취미 등 여러 유형으로 분류했다. 각 유형과 예시는 이런 식이다.

직업·일 부서 예산 처리하기

대인관계 소개팅으로 만난 그녀와 저녁 식사하기

유지·관리 컬러프린터 잉크 채우기

취미 크루즈여행 떠나기

건강·체력 7 킬로그램 감량하기

내면·자아 성찰 실연의 슬픔 이겨내기

때로는 누군가의 프로젝트 목록을 보는 것만으로 그가 살아온 세월을 어느 정도 짐작해볼 수 있다.

예컨대 퓰리처상 수상작가 제니퍼 이건이 〈가디언 Guardian〉에 기고한 짧은 칼럼을 보자.[20] 칼럼의 제목은 '해야 할 일To Do'인데, 이 글은 이렇게 시작된다.

1 잔디 깎기

2 빌어먹을 고장난 라디오 치워버리기

3 창문 닦기

4 고양이 중성화 수술 시키기

5 염색하기

6 타로점 보기

7 아이들 픽업

8 엄마 집에 아이들 맡기기

9 부분 가발 사기

10 마당 울타리 끝 부분을 '소리 안 나게' 잘라낼 수 있는지 알아보기

11 잡지 구독 끊기

    a. 전화 말고 메일로 할까?

    b. 아이들한테 시킬까?

    c. 거절하기 어렵게 말할 것. '최근 유쾌하지 못한 일들이 있었습니다…'

12 우편 발송하기

    a. 아니면 가발 사는 길에 바로 가기

13 복용 약 새로 타오기

누군가의 해야 할 일 목록은 이런 식으로 계속 이어진다.

보다시피 제니퍼의 목록에는 일상적인 부모 역할 수행 과제와 개인적인 욕구를 나타내는 과제가 한데 섞여있다. 누군가의 프로젝트 목록은 그의 사회적 역할과 개인적 욕망을 드러낸다.

성찰적 프로젝트

사람들의 다양한 프로젝트 가운데 '자기 성찰 프로젝트'는 특히 흥미롭고 중요한 유형이다. 그러나 모든 사람이 이 프로젝트를 갖고 있진 않다. 자기 자신과 관련된 문제에 초점을 맞추는 이 프로젝트는 예컨대 '사회적 불안 낮추기', '대화하고 싶은 사람 되기' 같은 목표를 동반한다. 그렇다면 성찰적 프로젝트 추구는 우리 삶에 어떤 도움이 될까? 조금 복잡한 문제다.

자아 성찰 프로젝트는 우울감이나 상처받기 쉬운 정서와 연결된다고 알려져 있다.[21] 자칫 성찰적 프로젝트에 너무 집중하다 보면, 생각의 늪에 빠져 앞으로 나아가기 어려워질 수 있기 때문이다. 예컨대 스스로 변해야 한다는 생각에 지나치게 골몰한 나머지 자신이 추진하는 (혹은 하지 못한) 목표를 처음부터 끝까지 다시 검토하는 식이다.

그러나 자아 성찰 프로젝트는 창의성과 경험에 대한 개방성과 연결되기도 한다.[22]

자기 성찰 프로젝트가 한편으로는 부정적인 정서나 취약성과 연결되면서도 다른 한편으로는 창조적 모험의 기반이 되는 이유는 뭘까? 자아에 집중하는 이 프로젝트의 시작점에서 그 이유를 찾아볼 수 있다.

조금 전에 적은 프로젝트 목록을 떠올려보라. 당신은 내면의 변화에 초점을 맞춘 목표를 적었던가? 예컨대 당신이 '정서적 불안을 낮추고 대화하기 좋은 사람이 되어야겠다'는 다짐을 적었다면, 처음 그 목표와 생각의 출처는 어디였는가? 그 생각은 당신 내면으로부터 나온 생각인가?

만약 성찰적 프로젝트의 시발점이 자신의 내면이 아닌 타인, 예컨대 부모님, 연인, 혹은 직장 상사라면 당신은 과제에 부정적인 감정을 갖게 될 가능성이 크다. 외부로부터 입력된 프로젝트보다 내면에서 규정한 프로젝트를 추구할 때 더 큰 성공과 행복이 이어진다는 사실을 밝힌 연구들은 이미 셀 수 없이 많다.[23] 당신의 퍼스널 프로젝트에도 성찰적 프로젝트가 있다면, 그것의 출발점을 생각해보라. 만약 미래의 자신을 상상하며 당신이 자발적으로 목표를 규정했다면, 프로젝트를 수행하는 과정에서부터 기분이 좋아질 것이다. 그리고 그런 과제가 결국 성공적으로 완수될 가능성이 더 높다. 물론 타인에 의해 시작된 과제도 기꺼이 수행할 수는 있다. 하지만 억지로 강요받은 과제라면, 아예 시작조차 어려울 수 있다.

당신이 '시도하는' 프로젝트

퍼스널 프로젝트를 즐겁게 추구하고 성공적으로 완수할 가능성을 높이려면 어떻게 해야 할까?

우리가 매일 쓰는 말에는 엄청난 힘이 있다. 말에는 주문과도 같은 힘이 있어서, 당신이 당신의 프로젝트를 어떤 말로 표현하는가에 따라 그것의 성공 여부가 결정되기도 한다. 어떤 사람들은 애매한 표현으로 그들의 목표 과제를 규정한다. 이를테면 '맘에 안 드는 동료들에게 좀 더 살갑게 대하도록 노력하기'라거나 '엊그제 싸운 남동생에게 사과 시도하기' 식의 애매한 표현을 쓰는 것이다(하겠다는 거야 말겠다는 거야?). 캐나다의 심리학자 닐 체임버스는 이렇게 과제를 시도형으로 표현하는 사람은 직접적으로 표현하는 사람보다 과제 완수 가능성이 낮다는 사실을 연구를 통해 확인했다.[24] 과제를 완수하고 싶다면 명확하게 하라! '동료에게 살갑게 대하기' 혹은 '동생에게 사과하기'로 쓰라. 과제를 명료화하는 일은 당신 동료나 여동생에게 큰 이득이 될 것이다. 당신은 물론이고.

잘 돼가나요? : 퍼스널 프로젝트 평가하기

자신의 퍼스널 프로젝트를 평가하는 방식은 개인의 행복에 결정적인 영향을 미친다. 자신의 퍼스널 프로젝트가 잘되어간다고 생각할 때 사람은 만족감을 느낀다. 예컨대 당신 주변에도 늘 자신의 삶을 불평하는 사람이 있을 것이다. 그가 끊임없이 비관하는 이유는 무엇일까? 그것은 아마 스스로를 평가하는 방식 때문일 것이다. 즉, 어떤 프로젝트를 추구하는가도 중요하지만, 프로젝트를 어떻게 평가하는가가 훨씬 더 중요한 문제라고 할 수 있다.

퍼스널 프로젝트 평가PPA는 다음과 같이 진행된다. 먼저 피검사자에게 자신의 퍼스널 프로젝트 목록을 적고, 그중 가장 중요하다고 생각하는 프로젝트 10개를 선택하게 한다. 그러고 나서 그것들을 대략 20가지 항목에 따라 하나하나 평가한다(0점부터 10점까지). 평가 항목은 스트레스, 즐거움, 주도성, 대인관계성(퍼스널 프로젝트를 타인과 얼마나 긍정적으로 공유하는가) 등이다. 수많은 연구를 거치면서, 우리는 평가의 평가 항목을 크게 다섯 가지 범주로 묶을 수 있었다.

퍼스널 프로젝트의 5대 평가 범주

의미
관리 수준
대인관계성
긍정 감정
부정 감정

각 평가 범주에 포함되는 평가 항목을 세분화해서 살펴보자.

1 의미

퍼스널 프로젝트의 의미는 심오할 수도 있고 다소 엉뚱할 수도 있다. 프로젝트의 의미는 당사자에게 그것이 얼마나 중요한가에 달려있다. 다시 말해, 프로젝트가 자신의 핵심 가치에 얼마나 부합하는지 그리고 얼마만큼 나의 자아를 잘 표현하는지(프로젝트가 나답다는 느낌)에 달려 있다.

2 관리 수준

퍼스널 프로젝트는 체계적으로 잘 추진되기도 하고 무분별하게 엉망으로 관리되기도 한다. 잘 추진되는 프로젝트는 자발적인 의지로 시작한 것이기 마련이다. 프로젝트를 잘 관리하려면 충분한 시간을 들여 통제해야 한다. 하지만 추진 과정에서 가장 중요한 것은 자기 효능감, 즉 자신이 성공적으로 과제를 완수해내리라는 기대감이다. 실제로 퍼스널 프로젝트를 분석하는 수많은 방식 가운데, 목표의 성공 가능성을 가장 잘 예견하는 지표가 바로 자기 효능감이다.[25]

3 의미 있는 것 vs 하기 쉬운 것

종종 우리는 의미 있는 과제는 미뤄두고 비교적 실천하기 쉬운 과제로 일상을 채우곤 한다. 이는 개인의 핵심 가치와 연결되는 프로젝트가 보통 추상적이고 실천은 어렵기 때문이다. 예컨대 우리가 의미를 두는 것들(혹은 내가 기꺼이 의미를 둘 만하다고 여기는 것들)은 환경 생각하기, 내면적으로 성숙해지기, 가족을 소중히 여기고 살갑게 대하기 같은 식이다. 하지만 이런 프로젝트는 일상생활에 구체적으로 뿌리내리기 쉽지 않아서 결국 흐지부지하다 뒤로 밀리고 만다. 반면 실행 난이도가 낮고, 계획도 착실하게 잡아두었지만 당신에게 별 의미가 없는 프로젝트도 있다. 예컨대 매주 목요일에 직장 동료들과 함께 하기로 한 점심 회식처럼.

물론 당신은 웃는 낯으로 직장 동료를 대할 것이다. 그렇지만 그들이 지난 주말에 새로 산 가방이나 프리미어 야구 경기나 아무도 궁금해하지 않는 그들의 자녀 이야기를 이러쿵저러쿵 늘어놓는 소리를 한 마디만 더 들으면 미칠 것 같은 속마음을 숨기고 있을지 모른다.

당신이 의미를 두는 프로젝트는 무엇이고, 실천은 쉽지

만 영양가 없는 프로젝트는 또 무엇인가? 생각해 볼만 할 것이다.

4 타인의 지지가 우리에게 미치는 영향

의미있는 프로젝트는 보통 난이도가 높고 실행은 어렵다. 그렇다면 이를 좀 쉽게 만들 방법은 없을까? 예컨대 당신이 미세먼지를 완화시키고 환경을 위하는 마음에서 나무 한 그루를 새로 심고자 한다. (멋지다!) 하지만 이때 결과적으로 프로젝트가 당신에게 어떤 의미로 남을지, 당신을 성장시킬지 아니면 도리어 피곤하게 만들지 판가름하는 중요한 요인이 하나 있다. 바로 타인이 당신과 당신의 프로젝트를 응원하고 지지하는 수준이다. 과연 당신의 가족이나 친구는 나무 심기가 좋은 아이디어라고 생각할까? 아니면 미세먼지 문제는 나무 한 그루 심는다고 달라지지 않는다면서 당신의 노력을 낭비라고 생각할까? 사랑하는 사람들이 당신의 프로젝트를 함께하고 지지해주기를 바랐는데, 결국 혼자만의 과제로 남으면 기대했던 만큼 기쁘거나 의미로 남기 어려울 수 있다.

5 초연결성이 우리에게 미치는 영향

그러니까 내게 중요한 프로젝트일지라도 '남들 눈에' 별로 좋지 않게 비치거나, 인정 받지 못한다면 추진하기 어려울 수 있다. 이것은 어느 정도 이 시대의 초연결성 때문이기도 하다. 우리는 타인과 지나치게 연결되어 있다. 사람들은 다른 사람들 때문에 프로젝트를 시작하고, 다른 이들의 평가에 신경쓰고, 프로젝트를 수행하는 과정 또한 미주알고주알 남들과 공유하기를 즐긴다. 어떤 사람은 아침에 목욕한 이야기까지 지나치게 상세하게 소셜미디어를 통해 남들에게 드러낸다. 개인의 삶은 트위터, 인스타그램, 페이스북, 스냅챗 등 초연결망을 타고 타인과 공유된다.

이런 상황에서 프로젝트의 취약성은 더욱 미묘해진다. 퍼스널 프로젝트는 더 이상 충분히 '퍼스널'하지가 않은 것이다. 초연결시대를 사는 개인은 삶의 방향과 의미를 주로 타인을 향해 설정하기 쉽다. 물론 타인 지향적 프로젝트도 나름대로 의미를 가질 수 있지만, 자기 내부의 무게 중심을 적절히 지키지 않으면 외부 존재가 사라졌을 때 자기 자신까지 함께 사라지는 느낌을 받게 된다. 외부의 존재는 친구, 배우자, 자녀 등 누구나 될 수 있다. 만약 누군가 자신보다 외부 존재를 더 중심에 둔 채 삶의 방향과 의미를 설정했다면, 그는 이를테면 친구들과 멀어지거나 배우자와 갈라설 때, 혹은 사랑하는 자녀가 성인이 되어 집을 떠날 때 큰 상실감을 느낄 수 있다.

6 퍼스널 프로젝트가 우리의 행복에 미치는 영향

퍼스널 프로젝트를 추진할 때 우리는 다양한 종류의 감정을 경험한다. 이 감정은 프로젝트의 의미나 지속가능성과 별개로 큰 스트레스가 될 수 있다. 나와 연구팀은 퍼스널 프로젝트 분석 평가PPA를 진행할 때 분석 대상에게 다음과 같은 질문을 함으로써 그의 감정 변화를 점검한다. 현재 당신은 부정적인 감정을 경험하고 있는가? 만약 있다면 원인을 알고 있는가? 퍼스널 프로젝트를 수행하며 스트레스가 쌓이고 좌절감이 드는가? 더 나아가 분노, 슬픔, 절망감까지 느끼지는 않는가? 혹은 프로젝트가 즐겁고 유쾌하여 수행 과정 속에서 사랑과 기쁨을 느끼는가?

하나의 프로젝트를 수행할 때 개인은 긍정적인 감정과

부정적인 감정을 모두 경험할 수 있다. 특히 장기 프로젝트라면 더욱 그렇다. 아마 창의력이 뛰어나거나 창조적인 직업에 종사하는 사람들은 프로젝트가 유발하는 이러한 양가감정에 익숙할 것이다. 3년 동안 하나의 악보를 놓고 씨름하는 프로젝트는 작곡가에게 깊은 좌절감을 주겠지만, 마침내 곡을 완성해서 세상에 내놓으면 그 만족감은 무엇과도 비교할 수 없이 클 것이다.

일반적으로 유의미하고 체계적이며 타인과 우호적으로 공유하는 퍼스널 프로젝트를 수행하는 개인일수록 더 큰 행복감을 느낀다. 또한, 당연한 얘기겠지만 부정 감정보다 긍정 감정이 더 많이 유발되는 프로젝트를 수행할수록 그의 행복은 더 커진다. 그러니 무의미하고 무질서하며 타인에게 감당하기 어려울 만큼 부정적인 피드백을 받는 프로젝트를 혼자 수행하는 사람들이 행복하기 어려운 것은 당연한 일이다.

삶에 긍정적 변화가 일어날 수 있다고 믿나요?

한 사람의 성격을 타고난 특성이 아닌 그가 수행하는 퍼스널 프로젝트로 정의할 때 우리가 얻을 수 있는 최고의 가치는 바로 '변화 가능성'이다. 타고난 성격 특성은 쉽게 바꿀 수 없지만, 퍼스널 프로젝트는 의식적으로 선택하고 조정할 수 있다.

하지만 그렇다고 해서 타고난 성격 특성을 아예 무시한 채 퍼스널 프로젝트를 수행하며 정반대 성격의 자아를 향해 마음대로 달려갈 수 있다는 뜻은 아니다. 개인의 퍼스널 프로젝트와 성격 특성은 밀접하게 연결되어 있기 때문이다. 나와 동료 심리학자들의 연구에 따르면, 사람들은 5대 성격 특성에 따라 퍼스널 프로젝트를 다르게 평가하는 경향을 보였다. 이것은 개인의 성격 특성에 따라 선택하는 프로젝트 유형이 달라질 수 있고, 각자 체감하는 프로젝트의 난이도 또한 달라질 수 있다는 것을 의미한다.[26]

예를 들어, 정서 불안정성이 높은 사람들은 대체로 부정 감정을 가지기 때문에 대인관계든 학업이든 일이든 상관없이 모든 과제를 스트레스 상황으로 평가할 가능성이 비교적 더 크다. 정서 불안정성이 높은 사람이라면 행복을 위해 실천해야 할 일이 하나 있다. 반드시 따로 시간을 내서 당신에게 행복감을 주는 과제를 실행하라. 거창할 필요는 없다. 오히려 소소한 즐거움을 주는 작은 프로젝트를 자주 하는 편이 더 낫다. 작은 즐거움을 자주 경험하면 인생의 과제를 부정적으로 바라보는 당신의 타고난 기질을 보완할 수 있다.

　성실성 또한 프로젝트 평가 방식에 영향을 미친다. 성실한 사람들은 보통 학업이나 업무상 과제를 보다 긍정적으로 평가하고, 과제 수행이 유의미하고 효과적이라고 생각한다. 이들은 과제를 완수하는 것에서 큰 흡족함을 느낀다. 만약 당신이 성실한 사람이라면, 자기 효능감을 높이고 관점을 긍정적으로 바꾸는 요령을 가지고 있을 것이다. 이 요령이란 별 것 아닌 일도 즐거운 프로젝트로 바꾸는 능력을 말한다. 예를 들어, 어이없을 정도로 지루한 일을 할 때도 이들은 어떻게 해서든 재미를 찾는다. 사실 과제를 대하는 이러한 태도는 길고 지루한 일들을 처리할 때 누구에게나 도움이 된다.

성실한 사람들은 대인관계 프로젝트도 긍정적으로 본다. 처음에 나는 이 사실이 적잖이 놀라웠다. 나는 성실한 사람들이 타인과의 교류에 그렇게 적극적일 거라고 기대하지 않았다. 나의 잘못된 고정관념이 만들어낸 '성실한 이들은 헌신적이고 성실하지만 동시에 재미와는 담쌓고 사는 고지식한 사람일 수 있다'는 이미지 때문이었다. 그러나 이 생각은 정말로 편견일 뿐이었다.

외향적이고 친화적인 사람들은 대체로 퍼스널 프로젝트에 긍정 감정을 보이지만, 특히 대인관계성 과제에 강한 긍정 감정을 나타냈다. 외향성이 높은 사람과 친화성이 높은 사람들은 모두 사교적이다. 그러나 이들이 즐겨하는 사회적 프로젝트 유형은 서로 다르다. 외향적인 사람은 파티처럼 신나는 사교 행사에서 타인과 어울리는 것을 즐긴다. 반면 친화성은 높지만 외향성이 낮은 사람은 친근한 타인과 어울리는 사교 활동은 즐기지만, 불특정다수와의 시끌벅적한 활동은 싫어하는 경향이 있다. 그리고 갈등이 불거지는 상황을 꺼린다. 이와는 대조적으로, 외향성은 높으나 친화성이 부족한 사람은 남을 비난하는 것처럼 불쾌한 일을 할 때도 긍정 감정을 경험하는 것으로 밝혀졌다.

경험에 개방적인 사람은 주로 강요에 의해서가 아니라 자발적으로 퍼스널 프로젝트를 시작한다. 이들은 세상과 능동적으로 관계를 맺는 능력을 갖고 있다. 개방성이 높은 사람은 폐쇄성이 높은 사람과 달리 자신의 핵심 가치에 부합하는 프로젝트를 선택할 가능성이 높다.

지금까지 우리는 성격 특성이 어떻게 강력한 예측 변수로 작용하는지 살펴보았다. 최근 연구에서는 개인의 성격 특성, 퍼스널 프로젝트, 그리고 삶의 질이 모두 긴밀하게 연관되어 있음이 확인되었다. 가장 행복할 가능성이 높은 사람의 유형은 외향적이면서 정서가 안정된 사람이었다. 하지만 행복에 결정적인 영향을 미치는 것은 개인의 성격 특성이 아니다. 더 직접적인 영향력을 행사하는 요소는 퍼스널 프로젝트다.[27] 예를 들어, 친화성이 낮고 내향적인 사람이라고 해서 반드시 행복을 덜 느끼며 살아가는 것은 아니다. 회사에서 소극적으로 보였던 그는 사실 매일밤 정치 이슈에 대해 열정적으로 글을 쓰고 토론하는 파워 블로거일 수도 있다. 그는 블로그 운영이라는 프로젝트를 수행하면서 사람들의 반응을 끌어내고 소통하는 데서 큰 즐거움을 느낄 것이다.

다시 말해, 우리 삶의 형태를 결정하는 지배적인 요소는 성격 특성이 아닌 퍼스널 프로젝트다. 그러니 행운의 유전자를 타고나지 않았다고 해서 억울해할 필요 없다. 타고난 기질과 고정 특성에서 벗어날 수 없다는 생각은 버려도 좋다. 당신의 행동은 당신의 기질보다 훨씬 힘이 세다.

너답지 않게 왜이래? 나다운 게 뭔데?

당신이 당신의 타고난 기질과 어긋나는 일을 하고자 한다고 가정해보자. 어쩌면 당신은 생물발생적으로 친화력이 높고 사소한 갈등도 피하려는 성격의 소유자인데, 동시에 정의를 사랑하며 냉철한 검사가 되기를 꿈꿀 수도 있다. 혹은 내향적인 성격을 타고났지만, 과할 정도의 외향성이 필요한 영업사원이 될 기회를 잡았을 수도 있다. 혹은 아주 성실하고 깐깐하며 계획적인 성격이지만, 자유로운 영혼의 애인을 만나 '내가 좀더 즉흥적인 사람이었다면…' 하고 바라고 있을 수도 있다. 당신의 이런 바람은 헛된 걸까? 사람은 타고난 성격에 어울리는 프로젝트만 고수해야 하는 걸까? 꼭 그렇지는 않다. 그 정도로 방법이 없는 건 아니다. 사실 흥미롭게도 우리 인간에게는 성격 특성을 벗어나 행동할 수 있는 능력이 있다.

타고난 기질을 바꾸는 이러한 변신 능력은 인간의 멋지고도 놀라운 측면이다. 이 능력은 우리가 퍼스널 프로젝트를 효과적으로 실현하기 위해서 새로운 성격 특성을 발휘해야 할 때 나타난다. 이것이 바로 '행위'가 '성격'을 재구성하는 방법이자, 인간 성격에 대한 기존 견해를 완전히 뒤집는 새로운 발견이다.

기질을 바꾸는 일이 어떻게 가능할까? 목표를 달성하기 위해 우리는 때로 스스로의 한계를 뛰어넘어야 할 때가 있다. 이것은 본능적인 생존 법칙에 가깝다. 그래서 원래 상냥한 사람이라도 아들이 아프다면 환자가 밀려있는 유명의사에게 긴급 진료 예약을 하기 위해 무례하게 행동할 수 있고, 유전적으로 정서가 불안한 사람도 상견례 자리에서는 침착하고 차분하게 행동할 수 있는 것이다. 이런 행동적 특징을 나는 '자유 특성Free Traits'이라고 이름 붙였다.

사람들은 대개 선한 동기를 가지고 자유 특성을 발동하지만, 당신을 오래 알고 지낸 타인들이 그 모습을 보면 속임수를 쓴다고 생각할 수도 있다. 이를테면 당신은 유전적으로 무뚝뚝한 사람이지만, 연애할 때는 상냥한 사람으로 변신할 수 있다. 또는 실제로 굉장히 예민한 성격이지만, 남들 눈에는 느긋한 사람처럼 보이도록 행동할 수도 있다. 아니면 다른 사람들에게는 극도로 외향적인 성격으로 비치지만, 실제로는 쉽게 지치고 시끄러운 클럽 문화를 즐기기보다는 방 안에 웅크리고 누워 웹툰보는 시간이 가장 행복한 사람일 수도 있다. 만약 내가 당신을 처음 만나 당신의 실제 기질과 다른 이미지의 첫인상을 받는다면, 당신은 내게 속임수를 쓴 것일까? 혹은 내가 받은 첫인상이 당신과 가까운 기질인걸까? 둘 다 아니다. 단지 당신이 자유 특성을 드러냈을 뿐이다.

지금은 고인이 된 코미디언이자 명배우 로빈 윌리엄스는 영화 관련 토크쇼 〈인사이드 디 액터스 스튜디오Inside the Actors Studio〉에 출연해 자기가 내성적이라고 고백한 적이 있다. 많은 사람이 이 인터뷰를 보고 의외라고 생각했다. 로빈 윌리엄스는 그 누구보다 유머러스하며 에너지가 넘치는 사람처럼 보였기 때문이다. 또 다른 코미디언인 마이크 마이어스는 스스로를 '상황에 따라 외향적이며 대체로 내향적인 성격'이라고 정의했다. 이 이야기를 들은 로빈 윌리엄스는 "나도 그와 같다. 나는 평소 내향적이고 말수가 적으며 일에 몰두하는 편"이라고 말했다.[28]

'상황에 따라' 외향적이라는 표현은 그 사람이 필요에 따라 자유 특성을 발휘한다는 뜻이다. 코미디언이었던 마이어스와 윌리엄스가 카메라 앞에서 보여준 외향적 모습은 글자 그대로 대본에 따른 것이다. '훌륭한 배우'라는 퍼스널 프로젝트를 수행하는 데 필요한 역할을 연기한 것이다. 하지만 우리도 그렇지 않은가? '대본에 따른다'는 것은 비유적인 표현이지만, 우리도 명배우들과 마찬가지로 상황에 따라 생물 발생적 성격 특성과 상반되는 모습을 종종 연출한다.[29]

항공기 승무원이나 채무 해결사를 생각해보자. 두 직종의 종사자들은 업무 수행에 특별한 적성이 요구되며, 이를 반드시 따라야 일을 제대로 해낼 수 있다. 이를테면 성격이 까다롭고 무뚝뚝하며 인내심이 적은 사람은 승무원으로 오래 일하기 힘들 것이다. 상냥하고 매력적이고 마음이 넓은 사람도 빚 독촉을 해야 하는 채무 해결사로 일하기 어려운 것은 마찬가지다. 하지만 타고난 기질과 맞지 않는 직업을 꼭 원한다면 어떻게 해야 할까. 바로 이럴 때 사람들은 '상황에 따라' 자유 특성을 발휘한다. 처음에는 어렵겠지만, 커리어를 쌓는 동안 자유 특성을 발휘하는 연습을 거듭하며 자연스러워지게끔 만들 수 있다. 노련한 여행객이라면 눈치챌 수도 있겠지만, '가짜로' 친절한 승무원들도 보통은 통한다. 그들에게 중요한 것은 직업상의 역할이다.[30]

이번에는 빅토리아의 이야기를 들어보자. 빅토리아는 다정하고 너그러운 사람이며 지나칠 정도로 친화력이 좋다. 그녀에게는 아픈 어머니를 좋은 병원에 모시려는 퍼스널 프로젝트가 있는데, 6개월 넘게 애쓰고 있지만 번번히 실패해 왔다. 그녀는 어머니를 끔찍이 사랑하기 때문에 하루빨리 시설 좋은 병원에 모시고 싶어 조바심이 난다. 하지만 관심 없다는 듯 무심한 시설 직원들과 불합리한 행정 절차에 부딪쳐 매번 좌절한다. 더 이상 참을 수 없다고 생각한 빅토리아는 자유 특성을 발휘하여 전에 없던 진상을 부린다. 결국 빅토리아는 친절과는 거리가 먼 직원을 상대로 입원 허가를 받아냈고 그녀의 퍼스널 프로젝트를 완수했다.

우리가 충분히 자주 연습한다면, 당신이 원하는 자유 특성이 타고난 성격에 스며들도록 할 수 있다. "나는 내 이상형을 연기했고, 결국 그런 사람이 되었다. 어쩌면 그가 내 안으로 들어왔거나, 그와 나의 자아가 중간에서 만났을 수도 있다." 히치콕 감독이 총애하던 배우이자 할리우드 슈퍼스타였던 캐리 그랜트의 말이다. 캐리 그랜트는 자유 특성이 개인의 자아 정체성 형성에 얼마나 큰 영향을 미치는지 보여주는 좋은 예다. 그랜트의 본명은 아치볼드 리치다. 캐리 그랜트는 엄마 뱃속에서부터 세련된 수트를 입고 태어나 한평생 세련된 뉴요커로만 살아왔을 것 같은 이미지였지만, 사실 리치는 고등학교를 중퇴한 순회 서커스 단원 출신이었다. 배우로서 성공을 원했던 리치는 캐리 그랜트로 개명한 뒤 자신감과 유머러스함이 넘치는 매력적인 상류층 신사 역할을 꾸준히 연기했고, 결국 그는 진짜 그런 사람이 되었다. 어쩌면 그의 이상형이 그의 정체성으로 바뀌었는지 모른다.

'나답지 않은 행동'이라는 표현은 두 가지를 의미한다. 하나는 말그대로 타고난 성격을 벗어나 행동한다는 것을 뜻한다. '너답지 않게 왜 그래?'라는 말에는 두 가지 의미가 담겨있다. 하나는 말 그대로 우리가 타고난 성격을 벗어나 행동한다는 것을 뜻한다. 그러나 뒤집어 생각하면 우리는 평소엔 나답게, 원래 성격대로 행동한다는 뜻이 된다. 우리는 종종 가치관에 따라 자유 특성이 우리의 성격이 되어 행동을 인도하게 한다. 본성에 따르면 당신은 개방적이거나 외향적인 성격이 아닐지도 모른다. 하지만 중요한 상황이나 과제가 주워지면 당신은 필요에 따라 원래 성격에서 벗어난 행동을 할 수도 있고 사안에 대처하기 위해 사회적 자아를 맞춰갈 수 있다. 이는 어떻게 보면 당신의 가장 최적화된 모습이다.

틈새 회복법 찾기

제1 본성에 반하는 자기답지 않은 행동을 계속 하면 몸과 마음 모두 피로해진다. 그러므로 자유 특성을 발휘하느라 스트레스를 받은 후에는 자기 자신과 다시 연결되는 시간을 가져야 번아웃을 막을 수 있다. 나는 이 시간을 '틈새 회복'이라 부른다. 퍼스널 프로젝트를 성공적으로 완수하고 싶다면 틈새 회복은 필수다.

틈새 회복은 자신의 본질적이고 근본적인 성격과 조화로운 환경에서 이루어진다. 예를 들어 외향적인 모습을 연출했던 내향적인 사람에게 필요한 틈새란 자극이 제거된 조용한 환경이다. 반면 내향적으로 행동해야 했던 외향적인 사람에게는 자극적이고 신나는 환경이 틈새로 기능할 것이다. 아마 엄청난 활력을 내뿜는 외향적인 사람들 틈에서 놀아야 하지 않을까.

내가 가르치는 케임브리지대학교 박사과정 중에 있는 학생 한 명은 기업에 다니는 직장인들을 대상으로 회복 틈새의 본질과 기능을 조사해 보았다.[31] 조사자는 참가자들에게 성격의 5대 특성 검사를 실시한 뒤 개인이 타고난 성격 특성과 업무상 수행하는 성격 특성을 평가했다. 이 평가를 통해 참가자들이 업무 과정에서 자유 특성을 얼마나 발휘하는지 확인할 수 있을 터였다. 또한, 조사자는 참가자들에게 틈

새 회복이 무엇인지 설명한 뒤 직장에서 어떤 종류의 틈새
회복을 활용하는지 적게 했다. 조사 결과는 흥미로웠다. 직
장인들의 틈새 회복은 다섯 가지 범주로 분류할 수 있었다.
다음 표를 참고하라.

직장인들의 틈새 회복 범주

틈새 회복의 형태	사례	횟수
사람	− 동료와 점심식사 − 요리하면서 수다 떨기 − 유쾌한 사람들과의 식사 − 친구 만나기	59
장소	− 야외에서 일광욕 − 휴게실 − 회의실에 숨어들기 − 기도실	19
활동	− 탁구치기 − 5분 휴식 − 점심시간에 독서하기 − 공원 산책 나가기 − 그림그리기 − 커피 마시기	41
건강/운동	− 헬스장 − 공원 달리기 − 명상 − 요가	24
장비/미디어	− 음악 감상 − 유튜브 − 인터넷 서핑 − 블로그 운영	39

참가자의 절대다수가 꼽은 틈새 회복 활동은 '사람들과 어울리기'였다. 놀랍게도 외향적인 사람과 내향적인 사람들 모두 가장 많은 비율로 이렇게 대답했다. 참가자의 대부분은 점심시간을 이용해 다른 사람을 만났는데, 내향적인 사람은 평균 두 명 이하, 외향적인 사람은 평균 네 명과 함께 점심을 먹었다. 어느 극단적인 참가자는 점심 친구가 무려 80명이나 된다고 답했다.

그 외에 자주 언급된 활동은 테이블 축구나 당구 같은 실내 활동이었다. 하지만 사람들은 같은 활동을 하더라도 기질에 따라 미묘한 차이를 보였다. 예를 들어 외향적인 사람들은 '달리기 동호회에 참가한다'고 적었고 내향적인 사람들은 그냥 '달리기'라고 적었다.

빅토리아를 기억하는가? 그녀는 상냥하고 친절한 성격을 타고났지만, 아픈 어머니를 안전한 병원에 모시기 위해서 전략적으로 목소리를 높여 자기주장을 펴고 고약하게 굴었다. 그렇게 다짜고짜 들이댄 후에는, 빅토리아에게도 본래의 성격을 되찾을 틈새 회복이 필요하다. 아마 자신들이 틈새 회복에 동원된다는 사실을 짐작조차 못 하는 온화한 성격의 사람들과 함께 시간을 보내야 할 것이다.

다양한 틈새 회복의 작동 방식을 이해하는 것은 매우 중요하다. 빅토리아처럼 우리는 타고난 성격을 벗어나 행동한 뒤 본래 나의 상태로 돌아갈 기회를 주변에서 찾곤 한다. 그러나 언제나 이렇게 할 수 있는 것은 아니다. 살다 보면 나를 북돋워 줄 사람은 오직 나뿐인 상황이 닥치기도 한다. 이때는 새로운 회복 틈새를 창조해 낼 필요가 있다.

당신은 어떤 유형의 틈새에서 가장 빠르게 회복할 수 있을까? 피아노 연주하기, 혹은 차가운 바다에서 하는 수영, 여러 친구와 함께 하는 풍성한 저녁 식사, 혼자 하는 숲길 산책.

내게도 틈새 회복은 필수적이다. 특히 높은 내향성을 타고난 사람으로서 외향적인 교수 역할을 성실히 수행한 후에는 더더욱 그렇다. 만약 학생들이 집중을 잘 하지 못하면 나는 강의 시간에 더욱 열변을 토한다. 학생들을 가르치는 일은 내 인생에서 가장 보람된 것이다. 그러나 열렬한 웅변은 내 성격을 벗어나는 일이다. 나는 지친 마음을 회복하고 후반부 강의를 잘 해내기 위해 쉬는 시간에 교수실이나 화장실, 때로는 벽장에 숨어들었다. 한번은 혼자 있을 수 있는 곳을 찾을 수 없어 실수로 청소도구를 보관하는 벽장에 잠시 서 있다가 그대로 갇힌 적도 있었다. 이후로 다시는 벽장에 들어가 숨지는 않는다.

당신의 틈새 회복은 무엇일까. 사람마다 제각각이겠지만, 일상의 제약 없이 마음 내키는 대로 행동할 수 있는 시간이나 공간이 있다면 그것이 당신의 틈새일 것이다. 어떤 사람은 틈새 회복으로 조용한 곳에 앉아 자신을 파악하는 데 유용한 심리학책을 읽는 것을 선택할 수도 있다. 바로 당신이 그런 독자일 수도 있으므로, 잘하고 있다는 응원을 보내고 싶다.

3

우리가 추구하는 것들의
사회생태학

●●●

관계란 우리가 살면서 만나는 가장 까다롭고 어려
운 문제다. 퍼스널 프로젝트를 연구하던 초기에 내
가 알게 된 중요한 사실은 가까운 사람들이 든든한
조력자인 동시에 가장 큰 좌절의 원천이 되기도 한
다는 것이었다.

당신이 의미 있고 관리도 수월하며 당신의 성격 특성에도 딱 맞는 퍼스널 프로젝트를 많이 찾았다고 치자. 그렇다면 앞으로는 목표를 향해 순탄하게 항해하는 일만 남은 걸까? 아직 속단하기는 이르다. 타고난 성격 특성이 우리의 인생 여정을 돕거나 방해하는 유일한 요소가 아니기 때문이다. 우리를 둘러싼 주변 환경 역시 예상치 못한 변수로 작용해 상황을 통제하기 어렵게 만들기도 한다. 하지만 갑작스러운 난관이 닥쳐도 언제나 손쓸 방법은 있다. 타고난 본성을 극복하기 위해 자유 특성을 발휘하는 것처럼, 우리는 환경을 적극적으로 변화시켜 퍼스널 프로젝트를 추진해나갈 수 있다.

우리가 속한 사회를 자세히 들여다보자. 좀처럼 변화가 일어나기 어려운 고정된 부분도 있고, 때에 따라 융통성 있게 변하는 부분도 있다. 고정된 부분은 우리가 사는 도시의 인구통계나 지형 같은 것들이다. 이보다 쉽게 변화가 가능한 것은 주로 개인적이고 역동적인 것들, 이를테면 사는 동네와 친하게 지내는 친구, 그리고 주로 이용하는 교통수단 같은 것들이다. 고정적 특성을 갖는 전자가 객관의 세계라면 역동적 특성을 갖는 후자는 주관의 세계다. 전자는 객관적인 사실, 가령 인구가 밀집된 대도시에 거주하는 것 같은 정보를 말한다. 후자는 개인이 사회를 보는 관점이나 환경과 상호작용하는 방식을 말한다. 가령 대도시에서의 삶이 고정 특성이라면, 누군가는 이를 즐겁고 흥미롭다고 생각하고, 누군가는 숨 막히는 폐소공포증을 느끼기도 한다. 누군가는 매일 판에 박힌 일상을 반복할 것이고 정글 같은 도시에서도 누군가는 자기만의 오아시스를 발견한다.[32]

이처럼 변화무쌍한 역동적 특징을 나는 삶의 '개인적 맥락Personal Contexts'이라 부른다. 개인적 맥락은 당신이 변화를 만들 수 있는 외부 환경을 의미한다. 여기에는 물리적·지리적·문화적·사회적 환경이 포함된다. 인구수 같은 사회의 고정 특성은 바꾸기 어렵지만, 개인적 맥락은 얼마든지 바꿀 수 있다. 퍼스널 프로젝트를 효과적으로 추진할 수 있도록 개인적 맥락을 조절한다면 삶의 질 또한 통제할 수 있다.

당신이 속한 환경 안에서 퍼스널 프로젝트가 어떻게 작동하는지 알아보자. 퍼스널 프로젝트는 주변의 어떤 영향을 받으며 역동적인 개인적 맥락과는 어떤 관계에 있을까? 아주 가까운 주변에 있는 사람이나 장소에서 받는 친밀한 영향부터, 업무나 여가 활동이 이루어지는 조직에서 받는 보통 수준의 영향, 그리고 정치·역사·경제적 맥락의 광범위한 영향까지, 퍼스널 프로젝트는 크고 작은 영향을 받는다. 그럼 지금부터 프로젝트를 효율적으로 추진하기 위해 환경을 재편성하는 방법을 알아보자.

마이크로 단계: 친밀한 타인과 공유하는 프로젝트

지금 당장 당신의 프로젝트 목록을 떠올려보라. 주로 혼자 추구하는 것인가, 아니면 파트너와 함께 하는 일인가? 당신이 의지하는 친한 친구들이 그 프로젝트를 알고 있는가? 퍼스널 프로젝트를 수행하는 방식은 분명 개인의 성격 특성에 따라 크게 달라진다. 그러나 주변 타인들 역시 성격 특성 못지않게 프로젝트 수행에 큰 영향을 미치는 또 다른 요소다. 은둔자나 수도승이 아닌 이상, 일상을 영위하는 우리는 타인의 존재에 커다란 영향을 받는다. 우리가 추구하는 프로젝트도 마찬가지다. 왜 그런 걸까?

여러 개의 퍼스널 프로젝트를 오직 한 사람과 함께 수행하는 것은 위험도가 높다. 만약 그가 도중에 프로젝트에서 이탈하거나 영영 떠나게 된다면 남은 사람은 프로젝트에 난 구멍을 혼자 메꿔야 하기 때문이다.

나와 연구팀은 한 사람의 프로젝트에 관여하는 사람의 수가 달라짐에 따라 어떤 다른 영향이 생기는지 연구해왔다. 연구에서 중요한 이슈는 여러 명의 타인과 프로젝트를 공유할 때, 그리고 오직 한 사람과 독점적으로 공유할 때 나타나는 차이를 비교하는 것이었다. 이쯤에서 나는 독자에게도 같은 방식으로 퍼스널 프로젝트를 살펴보라고 권하고 싶다. 당신의 프로젝트 목록을 쓴 뒤, 그것에 관여하는 타인의 이름을 옆에 적어보라.[33]

조사 결과 사람들은 다양한 답변을 내놓았는데, 크게 세 유형으로 분류할 수 있었다. 첫 번째는 '오직 나' 유형으로, 거의 모든 프로젝트를 혼자 진행하고 있다고 답한 부류다. 정말로 그런지는 모르지만, 적어도 이들은 그렇게 생각하는 듯했다. 두 번째 유형은 '투게더' 유형으로, 프로젝트의 유형

(업무, 취미, 가족 등)에 따라 다양한 사람과 함께 하고 있다고 답한 부류다. 마지막으로 세 번째는 '오직 한 사람' 유형으로, 거의 모든 프로젝트를 오직 한 사람과 배타적으로 공유하고 있다고 답한 부류다. 세 번째 유형의 사람들은 다른 두 유형보다 위험에 취약한 편이다. 만약 당신이 모든 개인 프로젝트를 제인과 함께 한다면, 이유가 무엇이든 그녀가 없을 때 당신의 프로젝트 전체는 어떻게 되겠는가? 많은 프로젝트를 함께 하던 유일한 사람이 사라지면 그 여파는 감당하기 어려울 것이다. 사랑하는 이의 죽음, 이혼, 동업자의 배신은 그 자체로 충분히 고통스러운데 더불어 공유 프로젝트까지 중단된다면 고통은 더욱 증폭된다.

나는 연구팀과 함께 개인의 핵심 프로젝트 성공에 타인이 어느 정도로 개입하는지 또한 분석했다. 연구할 프로젝트 주제는 임신이었다. 우리는 임신 초기부터 분만까지 여러 달 동안 출산이라는 퍼스널 프로젝트가 어떻게 진행되는지 관찰했다. 그리고 출산 경험이 얼마나 성공적이었는지 조사하기 위해 산모의 개인 경험뿐만 아니라 아기의 건강 상태를 의학적으로 평가하는 아프가 점수Apgar scores(출생

직후 신생아의 상태를 피부색, 맥박 수, 반사흥분도, 활동성, 호흡의 5가지 항목으로 평가하는 척도)도 고려했다. 그 결과 산모와 아기 모두의 출산 경험 성공을 좌우하는 독보적인 예측변수는 바로 산모의 파트너(남편이든 사랑하는 사람이든)가 보내는 정서적 지지였다.

비슷한 결과를 보여주는 또 다른 연구가 있다. 우리 연구팀은 새로 창업한 기업가들을 대상으로 그들의 성공 요인을 조사했다. 이번에도 역시 성공에 대한 주관적인 만족도는 물론, 재정 수익 같은 객관적인 지표까지 함께 분석했다. 그 결과 사업 성공을 가늠하는 최고의 예측변수는 '동업자의 정서적 지지'였다. 기업가들은 흔히 대박 난 사업 아이템을 일컬어 '내 자식'이라고 표현하기도 한다. 이것은 물론 은유적 표현이지만, 은유에 담긴 그 감정은 쉽게 이해할 수 있다. 프로젝트를 공유하는 파트너의 응원과 지지가 더 빛나는 결과를 가져오는 것이다.[34]

관계란 우리가 살면서 만나는 가장 까다롭고 어려운 문제다. 퍼스널 프로젝트를 연구하던 초기에 내가 알게 된 중요한 사실은 가까운 사람들이 든든한 조력자인 동시에 가장 큰 좌절의 원천이 되기도 한다는 것이었다. 그러나 관계에 대해 고민하는 많은 경우, 심각한 문제처럼 보이던 것들이 단순히 해결되기도 한다. 가령, 당신은 퇴근 후에 조깅을 즐기는 사람이라고 치자. 조깅은 당신 인생에서 가장 보람 있는 반복 과제 중 하나다. 달리면서 긴장도 풀고 원기를 회복한다. 하지만 당신의 남편은 당신이 퇴근 직후 조깅을 하는 게 아니라, 그와 느긋하게 앉아 대화를 나누기를 바란다. 그는 서로의 하루가 어땠는지, 아기와 까칠한 고양이와 집에서 어떤 시간을 보냈는지, 그리고 하루 종일 얼마나 보고 싶었는지 말하고 싶은 것이다. 하지만 당신은 남편이 무심코 그런 뜻을 비추기 전까지 그가 그런 생각을 하고 있다는 걸 깨닫지 못했다. 그것은 세심하게 헤아려야 할 부분이었다. 당신은 심각하게 받아들인다. 조깅을 그만두고 싶지는 않지만, 남편에게 무심했던 것 같아 마음이 아프다. 그렇지만 여러 타협안이 있다. 예컨대 당신이 조깅하러 나가는 시간을 30분 정도 늦출 수도 있고, 남편에게 함께 달리자고 제안할 수도 있다.

그도 아마 조깅을 즐길 것이고, 조깅하는 동안 서로 밀린 이야기도 나눌 수 있을 것이다. 물론, 조깅이라는 프로젝트는 단지 하나의 예시일 뿐이다. 조깅이 아니라 수석 채집이나 캠핑, 혹은 탱고일 수도 있다. 그것이 무엇이든, 프로젝트를 함께 공유하고 같은 것에 열정을 쏟는 일은 건강한 관계를 유지하는 데 큰 도움이 된다. 실제로 장기간 연애하는 커플들을 연구한 결과, 공유 프로젝트가 많은 연인일수록 더 깊고 오랜 관계를 유지한다는 게 밝혀졌다.[36]

요약하자면 이렇다. 당신의 퍼스널 프로젝트를 지지하는 친밀한 사회적 환경을 조성하는 것은 생각보다 훨씬 더 중요하다. 그 방법은 다양하다. 한 명이 아닌 다양한 사람과 프로젝트를 공유하고, 그들에게 당신의 핵심 가치를 전달하고, 프로젝트 파트너들과 명확히 소통하라. 그러면 당신에게 더 큰 성공의 기회가 돌아올 것이다. 물론 현실은 앞에서 이야기한 것보다 훨씬 복잡하기 마련이다. 만약 둘 다 조깅하러 나가면, 아기는 누가 돌보겠는가? 예민한 고양이는 또 어쩌고?

가족 이외에 당신을 챙겨주는 타인이 있는가? 사람들이 자청해서 서로 돕는 그런 커뮤니티에 속해있는가? 직장에서는 당신이 일상 프로젝트를 수월하게 관리할 수 있도록 탄력 근무제를 시행하는가? 이제 우리는 조사 수준을 한 단계 높여서 당신의 사회 환경을 상세히 살펴볼 것이다. 당신의 회사, 학교, 가족과 친인척, 지인, 교우관계 등을 개인적 맥락 차원에서 검토할 것이다. 이들은 당신의 중거리 환경 영역에 해당한다. 우선 직장 환경을 살펴보자.

중간 단계: 직장에서의 퍼스널 프로젝트

몇 년 전 수잔 필립스와 나는 일상적인 업무 환경(직장 분위기)이 민간 및 공공 기관의 고위급 관리자들의 퍼스널 프로젝트에 미치는 영향을 조사했다.[37] 우리는 개인이 프로젝트를 진행시키는 데 있어 가장 좋은 업무 환경은 어떤 것인지 알고자 했다. 처음에는 성별에 따라 차이가 있는 것처럼 보였다. 여성들의 개인 프로젝트 진척 상황과 업무 환경의 다양한 요인들은 꽤 높은 연관성을 보였다. 여성들은 갈등이 적고 지지하는 분위기일수록, 업무 자율권을 부여받을수록 자신의 퍼스널 프로젝트를 더 효과적으로 진행했다. 반면 남성은 퍼스널 프로젝트를 수행하는 데 있어 업무 환경의 영향을 거의 받지 않는 거처럼 보였다. 그들이 프로젝트를 성공적으로 완수하는 데 있어 업무 조건은 큰 변수로 작용하지 않았다. 왜일까? 이런 남녀 차가 있는 이유는 무엇일까? 우리는 조금 더 면밀하게 들여다보았다.

당시 우리가 조사했던 공공기관의 고위직 남성과 여성의 비율은 대략 9:1로, (정확히는 여성이 전체의 13%) 여성이 굉장히 소수였다. 이들 대부분은 남성 동료들보다 더 늦게 고위직에 올랐다. 우리 연구팀은 이 13%의 여성들이 '소수 현상' 또는 '새내기 현상'이라 불리는 것을 겪고 있다고 이해했다. 이것은 조직에 새로 합류했거나 주류가 아닌 소수 부서의 사람들이 조직 문화를 너무 의식하여 자신의 고유성을 드러내는 퍼스널 프로젝트는 포기하는 현상을 말한다. 이 현상을 겪는 이들은 직무에 오래 머물며 요령을 터득한 이들과 달리 조직의 세부 규칙에 매우 민감하며, 조직을 위해 자신의 퍼스널 프로젝트는 뒤로 미뤄두는 쪽을 택한다. 말하자면 그들에게 불리한 쪽으로 타협이 이뤄지는 것이다. 이 생각은 남녀가 고르게 배치된 다른 정부기관을 조사했을 때 더욱 타당성을 얻었다. 남녀 비율이 대등한 기관에서는 이러한 차이가 발견되지 않았던 것이다.

그렇지만 차별적 환경에 놓여있지 않을 때도 남성과 여성은 서로 다른 업무 환경을 선호한다. 우리 연구팀은 공공기관, 민간기업을 막론하고 성별에 따른 업무 환경 선호도가 있음을 발견했다. 여성들은 근무하고 싶은 업무 환경으로 소통과 연결이 가능한 기업 문화가 있는 곳을 꼽았다. 남성들은 달랐다. 남성들이 꼽은 가장 바람직한 업무 환경은 아무런 방해 없이 프로젝트를 추진할 수 있는 분위기였다. '다 비켜, 내가 나간다!' 식의 기업문화가 대부분의 남성들에게 안성맞춤이었다. 물론, 모든 사람이 동시에 자신의 프로젝트만 추구하려 든다면 그 조직은 무척 혼란스러워질 것이다. 이런 기업 문화가 조성되어 있다면, 그 조직의 구성원들은 각별한 분별력이 필요할 것이다.

업무 환경은 퍼스널 프로젝트(직장 밖에서 진행되는 프로젝트일지라도)에 강력한 영향을 미치고, 퍼스널 프로젝트는 삶의 질을 결정하는 핵심 요인이다. 이 사실을 알았으니, 이제 당신은 직장을 선택할 때 다양한 기준으로 업무 환경을 따져볼 수 있을 것이다. 입사 전이라면 기업 문화를 먼저 살피고, 이미 조직 구성원이 되었다면 직원들의 풍성한 삶을 위해 사내 복지 정책을 제안해볼 수 있다(제안이 가능한 분위기라면). 이런 저런 시도와 노력이 통하지 않는다면 아예 이직을 하는 게 현명할 것이다.

매크로 단계: 친밀감 프로젝트와 정치 문화

고개를 들어 조금 더 멀리를 보자. 지금까지 우리는 가장 가까운 사람들(단거리)과 업무 환경(중거리) 등이 퍼스널 프로젝트에 미치는 영향을 살펴보았다. 이번에는 조금 더 멀리 나아가 사회가 개인의 가장 사적인 시도와 노력에 어떤 영향력을 행사하는지 알아볼 것이다. 우리의 삶은 사회의 정치, 경제, 역사의 맥락 안에서 형성된다. 따라서 내가 나와 사랑하는 사람들을 위해 추구하는 가장 깊은 열망도 문화에 따라 열렬히 지지받을 수도, 정치체제에 따라 일종의 박해를 받을 수도 있다.

　서리대학교University of Surrey의 데이비드 프로스트가 진행했던 연구는 사회가 어떻게 개인의 가장 사적인 영역에까지 영향력을 행사하는 지 잘 보여준다. 프로스트는 사회생태학 연구 방법론을 적용하여 이성애자 집단과 성소수자LGBT 집단의 '연애와 사랑에 관련된 퍼스널 프로젝트'를 조사했다. 연구 결과가 시사하는 바는 매우 컸다.[38] 프로스트는 우선 두 집단을 각각 인터뷰하며 그들의 연애 관련 프로젝트가 무엇인지 물었다. 다음은 그가 얻은 매우 사적인 프로젝트 목록의 모음집이다.

- 새로운 사람들을 만나고 데이트하기

- 직장 있는 사람 만나기

- 매튜를 더 소중히 대하기

- 짐 싸서 애인과 함께 새 아파트로 함께 이사하기

- 1년 안에 남자친구와 한 동네에서 재결합하기

- 여자친구와 더 많이 대화하기

- 톰과 다시 사랑에 빠지기

- 결혼 계획하기

- 성생활 개선하기

- 남편과 귀중한 시간 보내기

- 자녯에게 시비 걸지 않기

- 여자친구가 항암치료를 잘 받도록 돕기

- 별거하며 이혼 다시 생각하기

- 배신한 전 애인 말끔히 잊기

세상의 몇몇 고정관념과 (당연히) 달리, 성소수자와 이성애자의 연애 프로젝트 목록은 별다를 게 없었다. 연애 프로젝트는 두 그룹 모두에게 개인의 개성과 가치관을 드러내는 대단히 중요한 목표였다. 하지만 프로젝트 관리 수준에서는 두 집단 사이에 상당한 차이가 나타났다. 성소수자 집단은 이성애자 집단에 비해 그들의 연애 프로젝트가 만족스럽게 진행되어 결실을 맺을 가능성이 낮다고 평가했다.

성소수자의 하루를 잠깐만 관찰해도 이는 놀라운 결과가 아니었다. 그들을 방해하는 장벽은 일상에서도 빈번히 드러났다. 그들을 구분짓거나 은근히 또는 대놓고 차별하는 징후들은 너무나 뚜렷했다.

프로스트의 연구에서 가장 흥미로운 것은 사람들의 연애 프로젝트에 정치 체제가 미치는 영향력이 드러나는 부분이다. 프로스트는 연구 참가자들의 거주지를 조사했고, 일부 지역에 거주하는 성소수자 집단은 다른 지역에 사는 이들보다 연애 프로젝트 수행에 보다 심각한 장벽을 경험하고 있음을 확인했다. 동성결혼이 합법화 되어있고, 인권에 대한 인식이 높은 지역에 사는 성소수자들은 그들의 연애 프로젝트를 유의미한 동시에 달성 가능한 목표로 인식하고 있었다. 이들은 행복도 또한 높았다. 이와 반대로 성소수자들이 서로에 대한 친밀감을 드러내며 살기 힘든 지역도 있다. 이런 곳의 성소수자들은 삶을 억압당하고 있다고 느꼈고, 그들의 가장 사적인 목표를 꾸준히 유지하는 것조차 어려워했다.

하지만 인류 역사는 언제나 더 많은 사람에게 자유를 주는 방향으로 발전해왔다. 변화는 이미 일어나고 있다. 프로스트의 연구에 따르면 성소수자에 대한 장벽은 그들의 공적 영역보다는 사적인 영역, 즉 연애나 사랑에 불리하게 작용했다. 그러나 현재 많은 유럽과 몇몇 아시아 지역을 포함해 28개 국가는 동성결혼을 합법화 했고 2015년 미국도 이 대

열에 참가했다. 이는 몇 년 전만 해도 기대할 수 없었던 고무적인 변화다.

그러므로 희망의 실마리가 있다. 비록 정치적 맥락은 개인 프로젝트 수행에 지대한 영향을 미치지만, 그 힘이 절대 불변하는 것은 아니니까. 타인의 불행을 염려하는 사람들의 목소리와 행동은 변화를 만들어낼 수 있다. 정치와 개인은 밀접하게 연결되어 있다. 그리고 정치와 개인은 변화할 수 있다.

프로스트의 논문을 접하고 그의 글을 내 책에 인용하면서, 나는 묘한 기시감을 느꼈다. 옛날 UC 버클리 캠퍼스에서 언론자유운동에 참가하던 깡마른 캐나다 청년이 떠오른 것이다. 그때 나는 변화할 수 있다는 가능성을 깨닫고 희열을 느꼈다. 희망의 다른 말은 변화의 가능성일 것이다. 무엇도 바꿀 수 없다고 생각한다면 무엇도 희망할 수 없을테니까. 당신에게 희망이 있다면, 변화는 가능하다. 그런데 우리 모두는 사실 희망에 산다. 그러므로 다시, 변화는 가능하다.

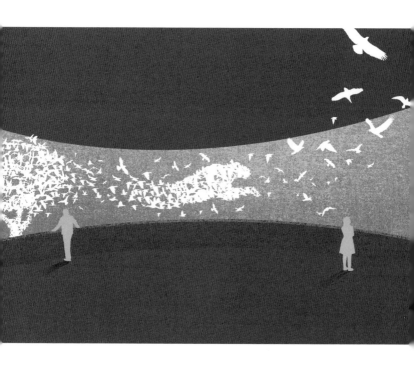

4

나다움에 대한 강박
깨뜨리기

●●●

'될 때까지 된 척하기' 전략이 처음엔 낯 뜨거울 수 있다. 당신을 알던 사람들은 당신의 다른 모습이 정직하지 못하다고 생각할 수도 있다. 하지만 나는 상황에 맞게 성격을 바꾸는 일이 조금도 가식적이라고 생각하지 않는다. 완벽한 진정성을 고집하는 건 내적 감정과 조금이라도 다른 외적 행동은 모두 거짓이라고 가정하는 것과 같다. 자신을 단 하나의 자아로 한정하는 것은 여러 가능성을 미리 차단하는 것과 같다.

반세기 전 사빈 교수가 내게 "누구요?" 라고 물었을 때, 나는 짐짓 긴 대답을 했었다. 하지만 그 질문 앞에 '진실'을 더해 당신에게 묻겠다. "당신은 진실로 어떤 사람인가?"

내가 사빈 교수에게 그랬던 것처럼, 당신도 즉답을 내놓기 어려운가? 당연한 일이다. 이 짧은 질문은 우리에게 그 어느때보다 더 진지한 자기성찰을 강요한다. 우리는 갑자기 다양한 정체성을 하나하나 검토하고 그중 가장 참된 자아를 '나'라고 선언하거나, 핵심 자아에 가장 가까운 답을 찾아 내야 할 것 같다. 그러나 이 질문이 곤란한 가장 결정적인 이유는 이것이다. 이 물음은 어딘가에 당신이 찾아야 할 진정한 자아가 존재한다는 의미를 내포하고 있기 때문이다.

어려운 결정을 내려야 하는 사람들에게 우리가 가장 많이 건네는 충고는 아마도 "그냥 너답게 해"가 아닐까. 이는 여러모로 딱히 도움이 되는 조언이 아니다. 애매한 얘기이기도 하고, 역설적으로 그렇게 하는 것이 당사자에게 최선이 아닐 수도 있기 때문이다.[39]

본래성 혹은 진정성authenticity에 대한 전통적 견해를 하나

씩 분석하기 전에, 먼저 전통적인 진정성 개념이 현대 사회에서 어떻게 논의되고 있는지 간단히 살펴보자. 최근 세계적으로 기업 이사진과 경영대학원을 강타하며 유행을 몰고 온 진정성 담론은 '진짜 리더십'을 콘셉트로 각종 세미나 및 회사 워크숍에서 화제가 되고 있다. 인기의 배경을 이해하기란 쉽다. 우리는 그동안 정치인들과 기업가들이 금융 위기와 스캔들로 사회에 혼란을 일으키는 모습을 (더는 놀랍지도 않게) 많이 봐왔다. 그때마다 훌륭한 지도자의 자질에 대한 전면적인 재평가가 이루어졌다. 사람들은 지도자들이 정직하고 투명해야 하며 꾸밈없이, 그렇지만 소신있게 발언해야 하며 얼렁뚱땅 넘어가지 말고 진정성을 보여야 한다고 생각하게 되었다. '진짜'를 원하게 된 것이다.[40]

진정성이 내포하고 있는 의미가 진실함, 정직함, 성실함이라면, 우리 모두 마땅히 동경해야 하는 덕목이 아닐까? 그러나 현실은 그리 간단하지 않다.

나는 앞에서 이야기한 진정성 추구의 방향이 다소 길을 잃었다고 생각한다. 사실, 단 하나의 진정한 자아 같은 건 없다. 오히려 사람은 여러 특성이 결합된 '복합 진정성'을 발휘한다. 이는 하나의 참된 자아라는 관념을 지나치게 좋아하는 시대에 논란의 여지가 있는 개념이다. 그렇지만 한 사람이 여러 개의 진정성을 갖는다고 해서 윤리적이 못하다거나 솔직하지 못하다는 뜻은 아니다. 이중인격은 더더욱 아니다. 복합 진정성이란 사람은 때에 따라 다른 모습의 진실한 사람이 된다는 것을 의미한다. 우리가 '진짜 정체성'이라 부르는 것은 상황에 따라 그 모습을 바꾼다는 뜻이다.

진심은 통한다? 진심은 종종 실패한다

투명한 정직함은 때로 나와 타인을 연결하는 강력한 수단이 된다. 그러나 진정성, 진심이 언제나 만병통치약이 되는 건 아니다. 프랑스 인시아드INSEAD 경영대학원 교수인 허미니아 아이바라는 수많은 기업에서 신봉하는 진정성 담론과 달리, 진정성이 리더십의 절대 미덕이 아닐 수 있다는 도발적이며 예리한 분석을 내놨다. 그녀는 리더가 자신의 단점까지 속속들이 드러내면 리더십이 향상되기보다 오히

려 손상될 수 있다고 주장했다.[41]

국민들의 보건을 책임지는 공공기관에서 국장으로 파격 승진한 마이클의 사례를 보자. 마이클의 업무 복잡성은 새 직책에 걸맞게 크게 증가했고, 이것은 그에게 버거운 도전이었다. 마이클은 독하게 마음먹고 자신 있는 척을 할 수도 있었지만, 그 대신 완전히 솔직해지기로 했다. 투명함을 갖춘 협력형 리더십의 장점을 믿었던 것이다. 마이클은 새로 만난 직원들에게 속마음을 털어놓았다. "이런 프로젝트를 하고 싶어요, 그런데 사실 조금 두렵습니다. 여러분의 도움이 필요합니다." 그러나 마이클의 솔직함은 역효과를 냈다. 아이바라의 표현에 따르면 마이클은 '책임질 줄 아는 자신감 있는 리더를 원하고 필요로 했던 직원들의 신뢰를 잃었다.'

마이클의 실패는 앞서 살펴본 자유 특성과 연관해 생각해 볼 때 흥미로운 사례다. 마이클은 그의 타고난 기질대로 쉽게 불안해하는 면모를 드러냈다. 그러면서도 자신의 진정성이 받아들여질 거라고 생각했다. 하지만 불행히도 그는 도리어 나약하다고 인식되었다. 그가 안정감 있는 겉모습을 꾸며냈다면 어땠을까? 가짜 안정성이라는 자유 특성을 행동에 옮겼다면 어떻게 달라졌을까? 그는 직원들의 신뢰와 헌신을 얻을 수 있었을지 모른다. 그랬다면 회사를 위해 핵심 과제를 추진할 수도 있었을 것이다. 그리고 더 나아가 안정적 습관과 행동을 실천함으로써, 자신의 리더십을 따르는 동료들의 믿음을 느끼며 '진짜' 더 안정됐을지도 모를 일이다.

'될 때까지 된 척하기' 전략이 처음엔 낯 뜨거울 수 있다. 당신을 알던 사람들은 당신의 다른 모습이 정직하지 못하다고 생각할 수도 있다. 하지만 나는 상황에 맞게 성격을 바꾸는 일이 조금도 가식적이라고 생각하지 않는다. 완벽한 진정성을 고집하는 건 내적 감정과 조금이라도 다른 외적 행동은 모두 거짓이라고 가정하는 것과 같다. 이 관점에서 보면 자유 특성을 발휘하는 것도 사기극이 될 수 있다. 하지만 다시 한번 생각해보라. 자신을 단 하나의 자아로 한정하는 것은 여러 가능성을 미리 차단하는 것과 같다.

항상 자기답게만 행동하면 성장 가능성과 능력이 제한된다는 주장에 동의하는 사람들도 있겠지만, 매우 못마땅한 사람도 역시 있을 것이다. 그러니 이쯤에서 복합 진정성 개념을 더 명확하고 흥미롭게 이해할 수 있는 또 다른 성격 특성을 살펴보자. 이것은 '자기 점검self-monitoring'이라는 개념이다. 우리가 상황에 따라 융통성을 발휘하는 성향인지 아니면 자기에게 충실한 성향인지 정확히 판가름해 볼 수 있다.[42]

자기 점검과 진정성

자기 점검 척도에서 자신이 어디에 해당하는지 가늠하기 위해 다음 질문에 답해보자.

1 나는 타인의 행동을 쉽게 따라 한다.
2 나는 상황이나 주변 사람에 따라 종종 전혀 다른 사람처럼 행동한다.
3 나는 겉보기와 다른 사람일 때도 있다.

세 가지 항목에 모두 강하게 동의한다면, 자기 점검 성향이 높은 사람이라고 볼 수 있다. 이런 사람은 주변 환경에 따라 행동을 바꾸면서 상황이 변할 때마다 어떻게 행동할지 세심히 주의를 기울인다. 만약 세 가지 모두 동의하지 않는다면 자기 점검 성향이 낮은 사람이다. 이 사람의 가장 두드러진 특징은 모든 상황에서 '자기답게' 행동한다는 것이다.

그래서 특정 상황에 적응하기 위해 새로운 자아를 만들어내지 않는다.

자기 점검 성향이 일상생활에서 어떻게 나타나는지 이해하기 위해서, 자기 점검도가 낮은 남자와 자기 점검도가 높은 여자가 연인이 되었다고 가정해보자. 남자가 볼 때 상대방은 카멜레온 같은 사람이다. 그녀는 상황이 바뀌면 다른 사람처럼 변신한다. 회사에서 일하는 자아, 파티를 즐기는 자아, 아이들과 노는 자아가 다 다른 것 같다. 남자는 혼란스러워진다. 내가 완전히 빠져있는 이 사람은 과연 누구지? 나는 그녀의 어떤 모습을 사랑하게 된 걸까? 한편, 여자 역시 혼란스럽다. 그러나 남자와는 전혀 다른 이유에서다. 남자는 한결 같은 사람이고 예상을 조금도 벗어나지 않는다. 그러므로 확실한 편안함을 느낄 수 있다. 하지만 그런 한결같음이 어찌 보면 고지식하고, 심하게 표현하면 지루하기도 하다. 어쩜 그리 융통성도 상황 적응력도 없을까? 우린 디너파티에 와 있잖아! 소득세니 세제 혜택이니 그런 이야기 좀 그만해! 그냥 파티 분위기에 몸을 맡기고 잠시라도 좀 즐기면 안 될까?

연구에 따르면, 자기 점검 성향이 높은 사람이 성공하는 영역은 따로 있다. 이들의 장점은 업무 능력이다. 적응력이 높은 부류, 즉 자기 점검 성향이 높은 사람은 그렇지 않은 사람에 비해 더 빨리 승진하거나 리더가 될 가능성이 높다. 업무 능력이 좋은 이유는 서로 다른 집단을 연결하는 다양한 역할을 할 수 있기 때문이다. 하지만 기업은 이런 직원을 위험하다고 판단할 수 있다. 자기 점검 성향이 낮은 사람들과 달리 이들은 유리한 제안을 받으면 당장 이직할 가능성이 높다.[43] 짐작하겠지만, 이들은 상대적으로 직장 충성도가 낮으며, 이 점은 다른 중요한 인생 과제에도 영향을 미친다. 바로 대인관계다. 자기 점검 성향이 높은 사람은 낮은 사람에 비해 안정적인 관계를 오래 지속하지 못한다.[44]

'너답게 살라'는 메시지를 담은 수많은 격언은 뒤집힌다. 그러나 자기 점검 성향이 높고 낮은 것은 진정성과 아무런 상관이 없었다.

자기 점검 이론의 창시자인 마크 스나이더는 자기 점검 성향이 낮은 사람은 원칙주의자고, 자기 점검 성향이 높은 사람은 실용주의자라고 설명했다. 부분적으로는 맞는 이야기다. 자기 점검 성향이 낮은가? 그렇다면 당신은 자신이 누구인지, 중요한 가치는 무엇인지 명확히 알고 추구하려 할 것이다. 이것은 분명 원칙주의자의 태도다. 하지만 이는 또한 실용적이기도 하다. 매사 명확함을 추구하면 상황이나 역할에 따라 자기 정체성을 끊임없이 고민할 필요가 없고, 퍼스널 프로젝트와 포부를 자유롭게 추구할 수 있기 때문이다.

자기 점검 성향이 높은가? 그렇다면 당신의 초점은 복잡한 세상을 살아가는 데 필요한 현실적인 요구에 맞춰져 있을 것이다. 당신은 자신에게 다양한 역할을 기대하는 다른 사람들과 잘 어울리고 필요에 따라 바뀌는 상황에 대처한다. 이것도 분명히 실용적인 태도다. 하지만 자기 점검 성향이 높은 사람에게도 원칙적인 면모가 있다. 이들은 관계와 화합을 소중히 여기고 타인의 요구에 민감하다. 그 과정에서 자신의 통일된 자아가 명확히 드러나지 않을 수도 있는데, 그래도 신경쓰지 않는다. 오히려 더 좋아할 수 있다.

물론 사람들 대부분은 어느 한쪽으로 극단적으로 치우치지 않는다. 어떤 상황에서는 자기 표현을 적절히 하고, 또 어떤 상황에서는 자기 표현을 염두에 두지 않는다. 실제로 우리는 연구와 조사를 통해 자기 점검 성향이 생물발생적 특성처럼 고정된 것이 아니라, 자유 특성처럼 역동적인 것임을 알아냈다. 자기 점검 성향은 퍼스널 프로젝트를 수행하는 데 도움이 될 때 종종 드러난다.[45]

변화무쌍한 인간의 행동을 이렇게 다양한 방식으로 관찰하는 것은 중요하다. 수수께끼 같은 동료 인간에 대해 이해할 수 있을 뿐만 아니라, 진정성 신화에 대해서도 새로운 관점을 얻을 수 있기 때문이다. 만약 우리가 서로에게 일관성을 도덕 원칙으로 삼고 지키라고 요구하지 않는다면, 상황에 따라 다르게 행동하는 것을 원칙적인 동시에 실용적이라 볼 수 있다면, 진정성에 대한 강박이나 진짜 나다운 것에 대해 고민하는 일은 없어질 것이다. 개인의 정체성은 한 가지가 아니다. 진정한 자아를 드러내는 데는 여러 방법이 있다. 그리고 이것은 자아가 외부세계와 상호작용하는 유연한 전략이다.

진정성을 발휘하는 3가지 방법

　당신은 진실로 어떤 사람인가라는 참을 수 없이 무거운 질문에 답하는 방법은 3가지가 있다. 우리는 성격의 기원에 따라 각각 생물발생적, 사회발생적, 그리고 특수발생적 방식으로 진정성을 발휘할 수 있다.

생물발생적 진정성: 애쓰지 않고 자연스럽게 행동하기

　진정성을 보여주는 한 가지 방법은 생물발생적 자아, 즉 자연적으로 타고난 기질을 충실히 드러내는 것이다. 예를 들어, 당신의 친구가 전화를 걸어와 파티에 당신을 초대했다고 상상해보자. 그 말을 듣는 즉시, 무의식적으로 생겨난 당신의 느낌은 무엇인가? 파티를 즐길 생각에 기쁠까? 아니면 파티는 예외 없이 피곤하기 마련이니 피하고 싶을까? 이때 당신이 제1 본능대로 행동한다면, 본래 자아에 충실한 자연발생적 진정성을 발휘하는 것이다. 누가 물어온다면, 당신은 파티에 가거나 가지 않기로 한 결정을 두고 꾸미지 않고 자연스럽게 행동한 것이라 말할 것이다. 당신은 거의 언제나 진심이며, 체 하지 않는다. 파티를 좋아하거나 싫어하는 호오의 감정을 솔직하게 드러내는 그 모습이 당신의 진정한 자아다. 이것은 자기 점검 성향이 낮은 사람들의 전형적인 행동 방식이다.

생물발생적 본능에 따라 나뉘는 호불호는 고정 성격 특성과 밀접하게 연결되어 있다. 개방적이고 외향적인 사람은 초대를 받으면 즉흥적으로 "좋아!"라고 말하고, 불안정하고 내향적인 사람은 거의 반사적으로 "아, 잠깐만 나는 그날 저녁에 무슨 일이 있는 것 같은데…"라고 말할 것이다.

사회발생적 진정성: 의무감으로 행동하기

그러나 막상 파티에 가게 되면 당신은 사회발생적 요구를 충실히 이행하며, 주어진 상황과 문화 규범에 걸맞은 행동을 할 것이다. 성격 특성과 상관없이 초대를 거절하거나 받아들이는 결정은 사회적 맥락에 따른다. 가령 당신이 파티를 경박하게 여기는 극보수 집단 소속이라면 초대를 거절할 것이다. 만약 당신이 마을 자치회의 집행위원이라면 파티는 자치회 행사이므로 참석은 의무가 된다. 무의식적으로 당신은 사회적 관습의 '당위'에 기초해서 참석 여부를 결정하며, 반드시 당신이 원하는 '바람'에 따르지는 않는다. 물론, 당신이 하고 싶은 것과 해야 하는 것이 일치할 수도 있다. 그런 경우 당신의 행동은 2배 더 단호해진다.

우리는 우리의 정체성을 미디어나 문학에서 묘사되는 문화와 관습을 따라 연출하기도 한다. 이 개념은 '돈키호테 원칙Quixotic Principle'이라 불리며, 1994년 다름 아닌 사빈 교수가 심리학 분야에 도입한 이론이다. 이 원칙은 사람들이 문화가 만들어놓은 틀에 따라 판단하고 행동하게 된다고 설명한다. 문화가 만들어 놓은 관습화된 행동 규범이 우리에게 미치는 영향은 크고 넓다. 사회문화적 영향력을 가장 신랄하게 보여주는 사례는 미겔 데 세르반테스의 소설에 등장하는 매력적인 주인공 돈키호테다. 돈키호테는 라만차 출신의 순진한 인물로, 모험을 펼치는 중세 기사 이야기에 매혹되어 위대한 업적과 기사도 정신을 찾아 나선다. 하지만 돈키호테는 자신의 정체성과 행동 규범의 틀을 엉뚱한 시대에서 가져왔다. 다른 사람들이 그를 완전히 바보라고 생각한다는 사실은 돈키호테에게 아무런 문제가 되지 않았다. 그는 자신의 의무를 다하고 있다고 굳게 믿었기 때문이다.

특수발생적 진정성: 마음이 이끄는 대로 행동하기

파티 이야기로 돌아가자. 파티 장소에 도착하자 친구 디에고와 그의 아내 에밀리가 눈에 들어온다. 지난 달 내내 당신은 몇몇 사교 행사에 들를 때마다 항상 이 커플을 볼 수 있었다. 디에고의 높은 행사 참여도와 쾌활함을 볼 때, 당신은 그가 외향적인 사람일 거라고 거의 확신한다. 음주가무에 관한 한, 디에고는 타고난 것 같다고도 생각한다.

하지만 사실은 이렇다. 디에고는 생물발생적 파티광이 아니다. 사실 그는 내성적이며 혼자 있는 걸 좋아하고 많은 사람과 어울려야 하는 상황을 피하는 성향이다. 또한, 사회발생적으로도 그가 거의 모든 사교 모임에 참석해야만 하는 어떤 특별한 사회적 규범은 없다. 디에고와 에밀리 부부는 둘 다 주당 60시간을 근무하며 업무강도가 높은 회사에서 혹사당하는 생활을 하고 있다. 그러므로 그들의 이웃과 친구들이 그들 부부가 다양한 모임에 참여하기를 기대하지도 않는다. 오히려 반대라고 할 수 있다. 따라서 디에고가 파티에 열심히 출석하는 행동은 제1 본성과 제2 본성에 따른 것이 아니다.

그러니까 디에고의 행동은 제3 본성, 즉 인생의 핵심 프로젝트에 따른 것이었다. 사실 에밀리는 말기 암 판정을 받았다. 그녀와 디에고는 가장 가까운 가족 이외에는 아무에게도 이 소식을 알리지 않기로 했다. 에밀리의 병세는 빠르게 진행되겠지만, 그녀에겐 아직 시간이 있다. 이 부부는 에밀리가 좋아하는 일들을 하며 그 시간을 채우기로 했고, 그래서 매일같이 파티에 참석한다. 에밀리는 사람들과 만나는 걸 굉장히 좋아하기 때문이다.

디에고에게 지구상에서 가장 중요한 프로젝트는 '에밀리 곁에 있는 것'이다. 그러므로 에밀리와 함께 하는 시간을 위해 타고난 본성을 거슬러야 한다면, 그렇게 할 것이다. 업무 일정이 꼬이고 일을 제대로 못해도 상관없다. 때로 우리는 내가 가진 모든 것을 쏟아붓기를 요구하는 하나의 퍼스널 프로젝트를 만날 때가 있다. 사랑하는 사람이 죽음을 앞두고 있다면, 분명히 그렇게 될 것이다.

그렇다면 제1 본성과 제2 본성에 따르지 않았던 디에고의 행동에는 진정성이 없는 걸까? 그렇지 않다. 디에고는 자신의 생물발생적 특성을 밀어내고 사회발생적 압력을 무시하면서, 자신의 핵심 프로젝트에 완전히 충실하게 행동했다.

이처럼 생물발생적, 사회발생적 맥락에 따라 달리 만들어지는 진정성의 매커니즘을 알게 된다면, 우리가 여러 다른 진정성을 가진다는 뜻을 이해할 수 있다. 그러므로 개인이 보이는 몇몇 진정성이 서로 충돌하는 것은 당연하다. 우리가 도덕적 상대주의(도덕문제에 관한 한 누구에게나 획일적으로 적용되는 규범은 없다는 견해)의 세상에서 살고 있다는 의미가 아니다. 좋은 사람이 되는, 그리고 더 나은 사람이 되는 길은 여러 가지라는 뜻이다. 우리가 가진 다양한 진정성을 인정하고 상황에 따라 무게중심을 맞춰 균형을 잡는다면 우리는 비로소 우리가 누구인지, 복잡한 세상을 충실하게 살아가는 좋은 방법은 무엇인지 이해할 수 있을 것이다.

5

행복 말고 웰두잉Well-Doing

●●●

"우리의 행위는 우리의 존재를 넘어섭니다. 웰두잉
이란 우리의 정체성과 행복과 성공이 우리의 존재가
아닌 행동에 달려있다는 걸 의미합니다. 바로 이것이
내가 그토록 오랫동안 찾아 헤맨 진리였습니다."

결국 우리는 두 가지 핵심 질문으로 되돌아간다. 당신은 어떤 사람인가? 그리고 어떻게 지내고 있나? 첫 번째는 정체성과 성격에 관한 질문이고, 두 번째는 삶의 질과 행복에 관한 질문이다. 두 가지 모두 퍼스널 프로젝트와 밀접하게 관련되어 있다.

그래서 우리는 무엇을 어떻게 해야 하고 할 수 있을까? 마지막으로 나는 이것을 이야기하려 한다. 우리의 행복은 우리가 거의 통제할 수 없는 불가항력 같은 것일 수 있다. 생물발생적 특성이나 사회발생적 환경처럼 말이다. 그러므로 나는 삶의 질을 높일 방법에 초점을 맞추려 한다. 나는 이것을 '웰두잉Well-Doing'이라고 부른다. 웰두잉이란 우리가 핵심 퍼스널 프로젝트를 꾸준히 추진하며 만들어나가는 삶의 과정을 말한다.

핵심 프로젝트: 당신 인생의 핵심 가치

모든 퍼스널 프로젝트가 중요하겠지만, 그 비중이 같지는 않다. 개인 프로젝트 목록을 다시 꺼내서 읽어보라. 아마 '설거지하기'가 '마라톤 완주하기' 옆에 나란히 적혀있고 '코인 노래방 가기' 옆에는 '이직 준비하기' 같은 프로젝트가 과제가 적혀있을 것이다. 어떤 프로젝트는 당신의 정체성을 드러내기에 너무 일시적이고 지엽적이다. 또 어떤 프로젝트는 당신이 추구하는 핵심 가치를 담고 있고 당신의 정체성을 확실히 규정한다.

핵심 프로젝트는Core Projects란 다른 모든 프로젝트에 영향을 미치는 최우선 과제를 말한다. 어떤 과제가 핵심 프로젝트인지 혹은 지엽적인지 판단하려면 이렇게 자문해보자. '이 프로젝트의 성패가 다른 프로젝트에 어떤 영향을 미칠까?' 핵심 프로젝트를 성공적으로 완수하면 다른 프로젝트들도 잘 풀릴 수 있고, 그렇지 못하면 다른 프로젝트들도 물거품이 될 수 있다. 핵심 프로젝트를 가려내고자 할 때 자문해야 하는 또다른 중요 질문은 이것이다. '이 프로젝트를 변경하거나 심지어는 아예 포기해도 될까?' 만약 그것이 핵심 프로젝트라면 수행이 힘들더라도 당신은 포기를 주저할 것이다. 포기는 현실적으로도 쉽지 않다. 예를 들어, 당신이 '다음 마라톤 대회를 대비해서 훈련하기'라는 프로젝트를 설정했다고 해보자. 이 프로젝트가 무산되면 나머지 다른 프로젝트에 변화가 생길 수도 있고 그렇지 않을 수도 있다. 다른 프로젝트와 달리기 연습은 본질적으로는 상관이 없어 보인다. 하지만 달리기 연습이 건강 유지, 성취감 상승, 외모 개선, 시간 관리 등 다른 프로젝트와 밀접하고 폭넓게 연관되어 있다면 어떨까? 명시적이든 묵시적이든 각각의 프로젝트는 달리기와 연관될 수 있다. 어쩌면 당신은 (의식하지는 못하지만) '나는 달리는 사람'이라는 정체성을 마음 깊이 새겨두었을지도 모른다. 핵심 프로젝트는 당신의 정체성과 삶의 질 모두에서 아주 중요한 역할을 한다.

핵심 프로젝트는 우리가 아침에 일어나는 이유다. 핵심 프로젝트는 삶에 의미와 가치와 방향성을 부여하고, 궁극적으로는 자아정체성을 규정한다. 이 주제를 깊이 연구해온 철학자 버나드 윌리엄스는 사람의 인생에 핵심 프로젝트가 없다면 그는 삶을 지속할 필요가 있는지 회의하게 될 거라고 말했다. 그러나 다행히도, 가장 소중히 여기는 핵심 프로젝트가 잘 안 풀리거나 실패할 때도 사람에게는 새로운 프로젝트를 찾아 결심을 새롭게 하고 다시 일어설 능력이 있다고 한다. 다시 아침을 맞이하며 마음 설렐 수 있는 것이다.[46]

퍼스널 프로젝트의 내적 지속가능성

당신의 핵심 프로젝트는 무엇인가? 당신의 개인 프로젝트 목록을 점검한 뒤 가장 중요한 핵심 프로젝트들을 추려내라. 다른 프로젝트와도 밀접하게 연결된 것들 말이다. 삶에서 핵심 프로젝트가 사라지면 어떻게 될지 자문하기 전까지 당신은 핵심 프로젝트의 중요성을 제대로 인식하지 못할 수도 있다. 여러모로 핵심 프로젝트는 개인 프로젝트 목록 중에서 당신을 가장 잘 드러내는 것이며, 말하자면 개인 고유의 트레이드마크다. 요컨대 자신의 참모습을 '스스로' 정의하는 독특한 프로젝트다.

그렇다면 이렇게 중요한 핵심 프로젝트를 잘 지켜내고 꾸준히 추구해나가려면 어떻게 해야 할까? 이번에는 당신에게 잘 맞는 핵심 프로젝트를 선택하는 방법과 프로젝트의 지속가능성을 높이는 데 도움이 되는 장치를 소개하려한다. 제대로 선택하지 못하면 지속가능성을 높이기 어렵고, 제대로 선택했더라도 지속하게 하는 장치가 부족하면 프로젝트는 시시해지고 방치되다 없어지고 만다.

생물발생적 일치

당신의 생물발생적 특성과 일치하는 핵심 프로젝트의 지속성은 높은 편이다. 조용하고 내향적인 사람은 '공직에 출마하기' 같은 포부보다는 '자작시 습작' 같은 핵심 프로젝트를 보다 꾸준히 수행할 가능성이 높다. 불성실한 사람은 '박사과정 수료'라는 과제를 성실한 사람만큼 오래 지속하기 어려울 것이다. 국민들을 해방시키겠다는 불같은 결의에도 불구하고, 정서가 불안정한 지도자는 투쟁이 너무 버거워서 오래 지속할 수 없을 것이다. 하지만 그렇다고 생물발생적 특성과 일치하는 프로젝트만 행해야 한다는 뜻은 아니다.

앞서 살펴보았듯이, 상황에 따라 자유 특성을 발휘하면 안전지대에서 벗어난 핵심 프로젝트를 추진할 수 있다. 하지만 장기적인 프로젝트를 수행하는 경우에는, 당신의 타고난 성격 특성과 프로젝트가 전반적으로 조화로울 때 수행 과정이 좀더 순조롭고 감수해야 할 부분도 크지 않다는 뜻이다.

핵심 프로젝트 선언하기

주변 지인들에게 당신의 핵심 프로젝트를 공개하는 것은 프로젝트 성공률을 높이는 효과적인 방법이다. 이는 두 가지 측면에서 그러하다. 내적으로는 스스로 세운 행동방침에 따라 행동하겠다는 결심을 하게 되고, 따라서 그 프로젝트는 당신 머릿 속에서 우선순위에 오르게 된다. 프로젝트 공개 선언이 갖는 외적인 힘은 더욱 크다. 우리가 어떤 프로젝트를 수행하기로 결정한 뒤 남들에게도 알리면, 프로젝트를 완수할 가능성이 훨씬 더 높아진다. 다른 사람들, 특히 연인이나 가족에게 핵심 프로젝트를 알리면, 지지와 격려를 이끌어내기 수월해진다.

재미있는 것은, 프로젝트를 공개하는 데 있어 여자와 남자가 차이를 보인다는 점이다. 연구에 따르면, 남자들은 스트레스를 많이 받는 힘든 프로젝트를 타인에게 공개하면 프로젝트 수행이 더 어려워진다고 생각했다. 여자들은 정반대의 경향을 보였다. 여자들은 스트레스가 큰 프로젝트를 공개하면 그 과제가 더 쉽게 풀릴 수 있다고 생각했다. 남자들은 자신의 스트레스를 드러내면 약점을 노출한다고 (적어도 그들의 관점에서는) 느끼는 것 같다. 하지만 여자들은 오히려 타인의 지지를 더 많이 받는다고 느낀다.

프로젝트를 보는 새로운 프레임

앞서 이야기했던 조지 켈리의 책 《개인적 구성개념의 심리학》을 기억할 것이다. 켈리는 구성개념이란 사람들이 세상을 체계화하는 가상의 렌즈이자 틀이며, 우리는 각자의 구성개념에 따라 세상을 달리 인식한다고 설명했다. 달리 말하면 우리는 각자의 구성개념에 스스로 갇힐 위험이 있는 것이다. 요컨대, 프로젝트의 지속가능성은 우리가 퍼스널 프로젝트를 표현하는 방식에 따라 달라진다. 예를 들어 '체중 감량'은 많은 사람이 시도하는 프로젝트다. 아니, 사실 퍼스널 프로젝트 분석에서 가장 흔히 등장하는 단어다. 그러나 주목할 점은 단어에 따른 프로젝트의 지속가능성이다. 같은 의미일지라도 '체중 감량'이라는 용어로 프로젝트를 밝히는 사람보다 '체육관에서 신나게 운동하기'라고 표현하는 사람이 프로젝트 지속가능성과 성공률 모두 더 높았다.[47] 프로젝트를 구체적으로, 이왕이면 긍정적으로 표현하자. 꾸준히 프로젝트를 지속할 가능성이 높아질 것이다.

전략적 불균형: 과제 우선순위 정하기

삶이 우리에게 요구하는 여러 가지 일들로부터 스트레스를 최소화하는 방법으로 일과 삶의 균형, 이른바 워라밸의 필요성을 강조하는 연구문헌들이 많다. 하지만 가끔은 균형 잡기가 아예 불가능할 때도 있다. 업무강도가 높아 긴 시간 일을 할 수밖에 없을 수도 있고, 반대로 아이가 아파 일을 아예 그만둬야 할 수도 있다. 이런 경우에, 보다 시급하고 중요한 프로젝트부터 우선순위를 매기는 '전략적 불균형'이 필요하다. 당장 순위가 밀린 프로젝트가 나중에는 다시 우선 프로젝트가 될 수도 있다.

퍼스널 프로젝트의 외적 지속가능성

퍼스널 프로젝트의 내적 지속가능성은 핵심 프로젝트를 수행하기 위해 내면적 동기와 책임을 조절하는 능력을 말한다. 그런데 프로젝트는 외적인 환경이 뒷받침될 때 지속해서 추구할 수 있다. 프로젝트의 외적 지속가능성을 높이려면 일상의 환경이나 사회 생태계를 관리해야 한다. 사회 생태계란 주변의 물리적 환경뿐 아니라 타인이나 커뮤니티, 조직 등을 말한다. 이제부터 사적인 관계부터 우리가 속한 사회 전체에 이르는 외적 환경을 관리하고 조성하는 방법을 살펴보자. 각 단계의 예시는 핵심 프로젝트의 지속가능성에 영향을 미친다.

마이크로 단계: 든든한 지원군들에게 감사하기

앞서 우리는 타인의 정서적 지지가 퍼스널 프로젝트의 성공에 얼마나 중요한 요소인지 확인했다. 따라서 그들의 응원이 지속될 수 있도록 하는 게 현명할 것이다. 때때로 우리는 난관을 극복하고 스스로 동기를 부여하는 일에만 주의를 쏟다가 줄곧 곁에서 지지해준 사람들의 고마움을 잊기도 한다. 그리고 결국 그들이 지지를 철회한 후에야 그 가치를 절실히 깨닫게 된다. 형식적인 감사 편지라도 좋고 허물없이 한마디 건네도 좋다. "고마워, 나 혼자선 못했을 거야." 당신을 응원하고 힘을 북돋워주는 주변 사람들에게 공을 돌리는 것은 핵심 프로젝트를 꾸준히 지속할 수 있게 하는 기본 태도다.

중간 단계 : 풍요로운 개인적 맥락 구성하기

우리가 사는 사회의 흐름은 개인의 삶과 프로젝트에 도움이 되는 방향으로 기능하기도 하고, 방해가 되기도 한다. 어쩔 때는 인생의 기회를 송두리째 빼앗기도 한다. 최근 코로나19 사태나 세계 난민 사태가 사람들에게 초래한 비극을 생각해보라. 하지만 힘겨운 상황에서도 우리는 우리가 속한 지역공동체에 작은 변화를 불러올 수 있다.

1970년대 말, 나는 제자 핏–퐁 로와 함께 동남아시아 지역의 '보트피플(베트남 전쟁 전후로 작은 보트를 타고 탈출하거나 망명한 사람들)'이 북미에 정착해 어떻게 살고 있는지 조사하게 되었다. 우리는 난민들을 만나면서 그들에게 언어가 얼마나 큰 장벽인지 알게 되었다. 우리는 그들을 돕기 위해 영어를 가르치는 '퍼스널 프로젝트 교환' 프로그램을 난민촌에 마련했다. 원어민은 난민에게 영어를 가르치고 난민은 원어민에게 베트남 요리 수업을 해주는 식이었다. 프로그램 참가자들은 이 경험을 통해 자신의 핵심 프로젝트를 지속하는 데 현실적인 도움을 받았고, 새로운 친구도 사귀게 되었다고 밝혔다.

개인적 맥락을 풍요롭게 만드는 방법은 무수히 많다. 이웃끼리 돌보는 주민조합을 결성할 수도 있고, 시청에 버스 노선 신설을 요구하는 청원을 낼 수도 있다. 예를 든 것처럼 서로를 도와 핵심 프로젝트의 성공가능성을 높일 수도 있다. 이런 식으로 우리를 둘러싼 환경을 바꿔나가면, 우리는 단순히 생존하는 데 그치지 않고 더 풍요로운 삶의 나이테를 새길 수 있을 것이다.

매크로 단계: 대규모 변화

정치와 문화는 우리의 삶과 프로젝트에 지대한 영향을 미친다. 어떤 국가는 개인의 핵심 프로젝트에 거의 간섭하지 않는다. 그러나 어떤 국가에서는 그렇지 않다. 여학생 교육이나 동성 커플의 결혼처럼, 개인에게 가장 절박하고 사적인 프로젝트가 사회 규범 때문에 시작도 전에 무산되는 것이다. 하지만 사적인 관계, 지역 사회에서 변화를 만들어 냈듯, 우리는 정치와 사회문화의 흐름도 바꿀 수 있다. 비록 길고 살벌한 싸움이 되겠지만 말이다. 앞에서 소개한 데이비드 프로스트의 연애 프로젝트 연구에 따르면, 무수히 많은 사람이 성소수자의 결혼을 지지하는 법안 발의 운동에 적극적으로 참여했다. 개인의 핵심 가치가 함께 모여 정치적 목소리가 되었을 때, 그 목소리는 생각보다 강력한 힘을 발휘한다. 철옹성 같은 권력도 장벽도 무너뜨릴 힘을.

프로젝트를 성공적으로 추진하기 위해서는 지금까지 이야기한 모든 전략을 결합해야 한다. 그러나 내가 이 책에서 설명한 구체적인 요령이 너무 많아 기억나지 않는다고 불평할 독자가 있을까 봐 걱정이다. 혹시 모를 그들을 위해 책 내용을 문장으로 요약하자면 이렇다. "나의 핵심 프로젝트를 분석하고 그 프로젝트의 지속가능성을 높이는 방법을 이해한다면, 내가 생각하는 대로 살 수 있다."

마지막으로 당신에게 하고 싶은 이야기가 있다. 변화를 두려워하지 않아도 된다. 나는 당신이 단지 낯설다는 이유로 변화가 가져올 새로움에 거부감을 느끼지 않길 바란다. 그리하여 마침내 이 책을 관통하는 두 가지 질문 "당신은 어떤 사람인가요?" 그리고 "잘 지내고 있나요?"에 건성으로 답하지 않고 매일 풍요로운 나이테를 새기며 살아가길 바란다. 이제 정말 마지막으로, 조지 켈리가 남긴 말을 들려주고 싶다.

"요즘 자기답게 사는 것에 대해 이런 저런 말들이 많다. 그러나 내 보기에 이것은 삶을 아주 따분하게 사는 방식이다. 솔직히 우리 모두가 지금과는 다른 누군가가 되기로 작정한다면 다들 더 잘살게 될 거라는 생각도 든다. 아, 더 잘살게 될 것 같지는 않다. 사는 게 훨씬 더 재미있어질거란 표현이 아마 정확할 것이다."[48]

내가 바라는 나로 살고 싶다

우연과 존재의 가벼움
나의 자랑스러운 독자에게

짧고도 훌륭한 이 책을 읽었으니 당신은 자기가 어떤 사람인지 더 잘 이해하게 되었을 겁니다. 무언가를 당신의 핵심 프로젝트로 선택하고 꾸준히 추구해나가는 것이 풍요로운 삶의 나이테를 만들어나가는 방법이라는 것, 행복에 가까워지는 가장 확실한 방법은 웰빙Well-Being이 아니라 웰두잉Well-Doing에 있음도 이해했겠지요. 우리의 행위는 우리의 존재를 넘어섭니다. 웰두잉은 우리의 정체성과 행복과 성공을 결정하는 것은 우리의 존재가 아닌 행동에 달려있다는 개념입니다. 바로 이것이 내가 그토록 오랫동안 찾아 헤맨 진리였습니다.

이제 이 책을 덮으며 당신은 이렇게 생각할지 모릅니다. '행복의 열쇠는 심사숙고해서 계획한 퍼스널 프로젝트를 수행하고 삶을 조화롭게 구성하는 것에 있어. 그러니 행복해지기 위해서는 늘 일상 습관을 통제하고 능숙히 처리하고 체계화해야 해. 항상 방향성을 가지고 꾸준히 과제를 완수하기 위해 노력하고.'

물론 이렇게 성실히 스스로를 갈고닦는 것은 타고난 유전자나 환경을 탓하며 체념하거나 불평하며 사는 것보다는 대단한 진전일 수 있습니다. 하지만 퍼스널 프로젝트를 완벽히 통제하고 엄수하기란 때로 불가능하며, 고단한 일입니다.

마지막으로 하나만 더 이야기하고 싶습니다. 우연을 받아들이세요. 우연은 우리 모두에게 찾아올, 삶을 채우는 중대한 조각입니다.

우리가 퍼스널 프로젝트를 수행하며 의식적으로 미래를 만들어나가는 동안에도 우리 삶에는 뜻밖의 기쁨을 맞이할 공간이 필요합니다. 우리는 새로운 만남에 긴장하기도 하고, 방심하다가 예상치 못한 무언가에 화들짝 놀라기도 해야 합니다. 나는 이런 가벼움이야말로 우리가 삶을 추구하고, 새로운 관심사를 개발하는 데 필수적이라고 생각합니다. 이 가벼움이 우리를 더 많이 웃게하고 맛있는 것을 먹게 하고 살게 할 겁니다.

　당신이 원하는 개인 프로젝트를 성실하게 수행하되, 나머지는 운에 맡기는 것도 충분히 훌륭한 인생 계획입니다. 그러니 운동선수의 꿈을 버리지 말고 꾸준히 연마하되, 갑자기 학구열이 생긴다면 기꺼이 진로를 바꿔도 좋습니다. 자작시를 꾸준히 쓰되, 출판사 편집자가 시 말고 클래식 음악에 대한 글을 써보라고 요청하면 그 기회를 붙잡으세요. 오랫동안 바라던 여행을 계획하되, 낯선 곳에서 길을 잃는다면 그곳에서 하룻밤 신나게 놀아버리세요. 결국 삶을 충만하게 만드는 태도는 무언가 추구하되 우연을 받아들이는 것, 이 두 가지의 결합입니다. 자, 어서 퍼스널 프로젝트를 추진하세요. 당신의 프로젝트가 의미 있고 관리 가능하며 다양한 타인과 연결된 것이길 바랍니다. 잠시 필요에 따라 성격을 벗어난 행동을 해야 한다면 스스로 회복할 수 있는 틈새를 찾으세요. 사회와 문화가 당신의 노력을 뒷받침해주면 그 힘을 활용하세요. 만약 사회와 문화가 당신을 방해한다면 지지말고 변화를 촉구하세요.

하지만 그러는 동안에도 재미있는 것들을 찾아나서세요. 해요. 내면의 흥을 잊지 말고 발산하세요. 느긋하게 뭐든 마음 가는 대로 하세요. 가벼움과 편안함은 당신이 무슨 일을 하건 반드시 필요합니다. 힘겨운 프로젝트를 진행하고 있을 때 버팀목이 되어주는 건 엉뚱함과 유머랍니다. 그러니 부디 당신이 어깨를 툭툭 털고 일어나 재치와 유머 감각을 기르길 바랍니다. 긴장 풀어요. 잘 모르겠으면 팔꿈치를 핥는 것부터 시작해도 좋아요. 다른 사람이 핥게 하면 훨씬 더 좋고!

감
사
의
말

이 책, 그리고 같은 내용의 2016년 테드 강연을 제작해준 테드 관계자들의 창의적인 노고에 감사드립니다. 기획 단계부터 응원해준 수잔 케인, 그리고 나를 테드 북스와 연결시켜준 유능한 에이전트 데이비드 라빈에게도 특별한 감사를 보냅니다. 미셸 퀸트가 이끄는 편집팀은 내가 원고를 쓰고 수정하는 동안 헤매지 않도록 길잡이가 되어주었습니다. 그들의 전문성과 사려 깊은 손길 덕분에 지나치게 과장되거나 어려운 표현을 피할 수 있었습니다. (방금 이 문장을 내 식대로 하자면, '내가 과도하게 불명료한 용어를 회피하도록 그들이 도왔다'

라고 썼을 겁니다.) 크리스 앤더슨, 켈리 스토젤, 브라이언 그린, 헬렌 월터스에게도 고마움을 전합니다. 그들이 너그러운 마음으로 응원하고 격려해준 덕분에 나는 테드와 동기화되는 초현실적 경험을 무사히 마무리할 수 있었다. 테드 공동체의 일원이 되는 것은 아찔한 모험이었습니다. 그리고 나의 아내 수잔 필립스는 언제나처럼 내가 핵심 프로젝트를 완수하도록 변함없는 사랑과 충고와 지원을 아끼지 않았으므로 이 짧은 책의 소중한 지면을 빌어 거대한 감사와 사랑을 전합니다.

프롤로그

1 이것은 심리학과의 마크 로젠츠바이크와 데이비드 크렉Mark Rosenzweig and David Krech, 그리고 캘리포니아 대학 버클리 캠퍼스 해부학과의 마리안 다이아몬드Marian Diamond 의 협력 연구였다. 로젠츠바이크, 크렉 및 다이아몬드Rosenzweig, Krech, Bennett & Diamond(1962)를 참조하라.

2 새로 등장한 사회적 게놈학은 건강과 번영을 이해하는 데 흥미로운 시사점을 준다. 예를 들어, 캘리포니아주립대학UCLA의 스티브 콜Steve Cole과 그의 동료들은 유전자의 발현 방식과 그의 연구에 참여한 사람들이 경험하는 외로움은 관련이 있다는 사실을 밝혀냈다. 콜Cole(2009년)을 참조하라.

1장

3 론 프랑크Lone Frank(2011)를 참조하라.

4 프로노이아pronoia라는 용어는 사회학자 프레드 골드너Fred Goldner가 처음 사용했으며, 편집증과 정반대되는 특성을 묘사하기 위한 것이다. 골드너Goldner(1982년)를 참조하라.

5 성격의 5대 특성에 대한 실질적 연구가 현재 진행 중이다. 오저&베넷-마르티네즈 Ozer and Benet-Martinez(2006)의 리뷰를 특히 눈여겨보라. 교육, 결혼, 건강 및 직업에 관련한 성격 특성의 실질적인 결과를 탐구했다. 다니엘 넷틀Daniel Nettle(2007)은 일반 독자를 위해 훌륭한 서론을 썼다. 리틀Little(2014), 특히 2장을 참조하라.

6 콜린 드영Colin DeYoung 과 그의 동료들은 성격의 5대 특성의 신경심리학적 기초를 분석했다. 드영(2010)을 참조하라.

7 예를 들어 맥키넌MacKinnon(1962년), 그리고 리틀Little(2014년)의 8장을 참조하라. 평가과정에 대한 상세한 설명은 세라이노Serraino(2016년)를 참조하라.

8 맥크레이McCrae(2007)를 참조하라.

9 호건과 호건Hogan and Hogan(1993)을 참조하라.

10 외향성 및 외향성이 수행, 동기, 위험감수에 미치는 영향을 연구한 방대한 문헌이 있다. 권위 있는 종합 리뷰는 윌트와 레벨Wilt & Revelle(2008)을 참조하라.

11 성관계 횟수에 대한 연구는 원래 지스와 슈미츠Giese&Schmidt(1968년)에 실렸다. 최근의 연구를 찾을 수 없었기 때문에, 여기 소개한 결과는 활발한 성생활을 한다고 보고한 미혼 이성애자 독일 대학생들로부터 얻어진 것이라고 독자들에게 알린다. 시대는 1960년대였다.

12 리틀Little(1976)에서 사람 지향, 따뜻함, 표현력에 대한 연구를 참조하라.

13 일레인 애런Elaine Aron은 약간의 신경증적 특징을 보이는 매우 민감한 사람들에 대한 글을 썼다. 주로 내향성과 연관이 있지만, 매우 예민한 사람 중 약 30%는 외향적이다. 애런Aron(1996년)을 참조하라.

14 개인적 구성개념 이론에 대한 최고의 참고문헌은 여전히 켈리Kelly(1955년)의 저서다.

15 개인적 구성개념 이론이 내 평가 연구에 미친 영향에 대해 좀 더 상세하게 다루었다. 리틀, 살멜라-아로 및 필립스Little, Salmela-Aro, and Phillips(2007) 1장을 참조하라.

2장

16 현재 퍼스널 프로젝트(PPA)에 관한 광범위한 연구 문헌이 있다. 리틀Little(1983, 1998, 1999), 그리고 리틀(2014), 특히 9장과 10장을 참조하라.

17 인간이 미래를 내다보는 본성에 대해서는 셀리그만, 레일튼, 바우마이스터 및 스리파다Seligman, Railton, Baumeister 및 Sripada의 흥미로운 신작 《호모 프로스펙투스 Homo Prospectus》(2016)를 참조하라.

18 사소한 프로젝트 수행이란 무엇인가 하는 문제는 사소한 문제가 아니다. '개 산책시키기'는 개를 기르는 사람들 대부분에게 다소 쉬운 과제다. 하지만 휠체어를 타고 있거나, 개가 사납거나, 포장도로가 고르지 못하다면 이것은 사소한 프로젝트 수행이 아니다. 다른 사람의 프로젝트를 공정하게 평가하기 위해서는 그들의 포부와 개인적 맥락을 동시에 고려해야 한다. 이 문제에 대한 자세한 내용은 리틀Little(1989)을 참조하라.

19 퍼스널 프로젝트 시스템을 상세 분석하는 실제 방법에 대해서는 리틀 및 지 Little&Gee(2007)를 참조하라.

20 이건$_{Egan}$(2011)을 참조하라.

21 이 주제에 대한 연구를 시작한 카타리나 살멜라-아로$_{Katariina Salmela-Aro}$의 논문을 참조하라(Salmela-Aro, 1992).

22 리틀(1989)을 참조하라.

23 내부적 대 외부적으로 규정되는 목표 추구의 영향에 관한 기초연구는 자기결정론에 포함되어 있다. 예를 들어, 데키 및 라이언$_{Deci and Ryan}$(2002)을 참조하라.

24 닐 체임버스$_{Neil Chambers}$는 퍼스널 프로젝트의 내용을 최초로 언어학적으로 분석했다. 챔버스$_{Chambers}$(2007)를 참조하라.

25 이에 대한 리뷰는 리틀(1989, 1998)을 참조하라.

26 이 부분은 리틀, 레치 및 왓킨슨$_{Little, Lecci, and Watkinson}$(1992)에서 집중적으로 참고했다.

27 퍼스널 프로젝트 평가에서 중재자 역할에 대한 초기 증거는 알버커키, 리마, 마토스, 및 피게이데로$_{Albuquerque, Lima, Matos, and Figueiredo}$(2012)에서 확인할 수 있다.

28 로빈 윌리엄스$_{Robin Williams}$의 〈인사이드 디 액터스 스튜디오$_{Inside the Actors Studio}$〉 인터뷰는 유튜브 동영상(https://www. youtube.com/watch?feature=player_ embedded&v=AHOErukoKcI#at=12)를 참조하라.

29 자유 특성에 대한 자세한 설명은 리틀(2000)과 리틀 및 조셉$_{Little \& Joseph}$(2007)을 참조하라.

30 사회학자 알리 호크쉴드$_{Arlie Hochschild}$는 업무상 역할에 따라 사람들이 감정적으로 자기를 표현하는 방식에 대해 선구적인 연구를 실시했다. 호크쉴드$_{Hochschild}$(1983)를 참조하라.

31 사나 발사리-팔슐$_{Sanna Balsari-Palsule}$의 박사 논문(2016)은 자유 특성과 회복의 민감성에 대해서 풍부한 정보를 제공한다(Balsari-Palsule, 2016).

3장

32 개인적 맥락 개념과 프로젝트 수행의 사회생태학은 리틀Little(1987, 1999, 2000, 2010)에서 상세히 다룬다.

33 팔리 및 리틀Paly & Little(1983)을 참조하라.

34 나는 낸시 킨 및 크레이그 다우든Nancy Keen & Craig Dowden이 수행한 연구를 다른 책에서도 다뤘다(리틀Little, 2014).

35 루엘만 및 월치크Ruehlman과 Wolchik(1988)를 참조하라.

36 황Hwang(2004)을 참조하라.

37 필립스, 리틀 및 구딘Phillips, Little & Goodine(1997)을 참조하라.

38 프로스트Frost(2011)와 리틀 및 프로스트Little & Frost(2013)를 참조하라.

4장

39 철학자의 깊은 통찰력을 다룬 사이먼 펠드먼의 책 《진정성 유감: 자기 자신이 되어서는 안 되는 이유Against Authenticity: Why You Shouldn't Be Yourself》(2015)를 참조하라.

40 대커Thacker(2016)를 참조하라.

41 이바라Ibarra(2015)를 참조하라.

42 마크 스나이더Mark Snyder는 자기 점검 개념을 개발했다. 스나이더Snyder(1987)를 참조하라.

43 조직 구성원으로서 자기 점검에 대한 구체적인 논의는 킬더프 및 데이Killduff & Day(1994)를 참조하라.

44 스나이더Snyder(1987)를 참조하라.

45 리틀Little(2014), 특히 4장을 참조하라.

5장

46 퍼스널 프로젝트가 삶의 행복에 미치는 영향에 관해서 도발적으로 다룬 연구 문헌이 늘어나고 있다. 가장 중요한 연구는 로마스키Lomasky(1984), 베츨러Betzler(2013), 티베리우스Tiberius(2008) 등이다. 나는 최근 퍼스널 프로젝트와 웰두잉에 대한 관점을 리뷰했다(리틀Little, 2016).

47 미셸 세거Michelle Segar의 책《걱정하지 마: 동기부여라는 단순한 원리로 평생 건강하게 사는 법No Sweat: How the Simple Science of Motivation Can Bring You a Lifetime of Fitness》(뉴욕, AMACOM 출판사, 2015)을 참조하라.

48 켈리의 저서(1964)에서 인용했다.

옮긴이 **강이수**

이화여자대학교를 졸업하고 미시건주립대학교에서 응용언어학 석사학위를 받았다.
바른번역 글밥아카데미 수료 후 현재 바른번역 소속 번역가로 일하고 있다.
옮긴 책으로는 『감정은 패턴이다』, 『인생의 특별한 관문』 등이 있다.

내가 바라는 나로 살고 싶다

초판 1쇄　2020년 6월 22일

지은이　　브라이언 리틀
펴낸이　　서정희
펴낸곳　　매경출판㈜
옮긴이　　강이수
책임편집　홍은비
마케팅　　신영병 이진희 김보은
디자인　　김보현 이은설

매경출판㈜
등록 2003년 4월 24일(No. 2-3759)
주소 (04557) 서울시 중구 충무로 2(필동1가) 매일경제 별관 2층 매경출판㈜
홈페이지 www.mkbook.co.kr
전화 02)2000-2610(기획편집) 02)2000-2636(마케팅) 02)2000-2606(구입 문의)
팩스 02)2000-2609　**이메일** publish@mk.co.kr
인쇄·제본 ㈜M-print　031)8071-0961
ISBN 979-11-6484-139-4(04180)

이 도서의 국립중앙도서관 출판예정도서목록(CIP)은 서지정보유통지원시스템 홈페이지(http://seoji.nl.go.kr)와
국가자료공동목록시스템(http://www.nl.go.kr/kolisnet)에서 이용하실 수 있습니다.
(CIP제어번호: CIP2020024334)